JN059726

尊厳なきバリアフリー

「心・やさしさ・思いやり」に異議あり！

川内美彦

現代書館

All human beings are born free and equal in dignity and rights.

すべての人間は、生まれながらにして自由であり、
かつ、尊厳と権利とについて平等である。

「世界人権宣言」第１条より

はじめに

私は車いすを使用している。1973年、19歳のときに頸髄（脊髄の首の部分）を損傷して下半身不随、両上肢機能障害となった。

これまで、自分の専門分野が建築であることから、車いす使用者の立場で建築や公共交通のバリアフリーについて、国や地方自治体レベルで関わってきた。

したがって本書では、私が長年車いすを使用しつつ暮らしてきたことで積み上げてきた経験と、その経験を通して肌で感じ続けてきた、この国が障害のある人をどう扱ってきているか、について書く。その際、わが国のバリアフリーの取り組みを「権利」や「尊厳」の視点で考えていく。

本書では国や法の問題点をいくつも指摘するが、そのねらいは、そうしている、あるいはそうなっていることを受け入れている社会の考え方を浮かび上がらせるためである。生活上の多くの場面で、それぞれの担当者がいて国の方針や法に従った応対をしてくれるが、その担当者を批判しているわけではない。担当者は決められた枠組みと役割の中で全力を尽くしているだけであり、私の視線はその背後に向けてある。

本書を読んだ人は、批判的な視点に偏っていると非難するかもしれない。その非難は甘んじて受けるが、非難されてもなお、私の中で腑に落ちないものがあり、それを説明しつつ、本書を書き進めていく。

本書で私の訴えたいことは、第1章から第13章までの本論に述べてある。加えて、本書では付章第1～5がある。この付章はそれぞれ独立しており、本論の内容の詳細を説明している。本論で述べられていることの専門的な背景等については、この付章をご覧いただくとご理解が深まると思う。

もくじ

欄外表記凡例

- （文 1）…本文中の（文 1）の参考文献・引用文献を示す。
- （注 1）…本文中の（注 1）の内容を示す。

第１章
この国で障害をもつということ

1-1　この国で障害をもつということ

2016 年、夏の暑い日、私はある地方都市に向かって森の中を走る JR 特急のデッキにいた。

事情があって客室には入れないので、緑あふれる中を走る 2 時間の旅はこのデッキで過ごすことになる。とはいえ、車いすに座る私にとって乗降ドアの窓は高すぎて、走り去る木々の上のほうと、どっしり動かない空しか見えない。

もちろんこんなところにずっと乗っていたくはない。しかし他の選択肢はなかった。

私のそばには車いすで使えるトイレがある。限られた広さのデッキで車いすが居られる場所は、トイレ前のここしかない。

お昼時で、通りがかった車内販売から駅弁を買った。目的の駅では次の予定があり、車内でお昼をすませておく必要があった。よく売れているようで、何種類かある中で残っていたのは一つだけだった。売れ残りと言えば確かにそうかもしれないが、私としてはそれに不満はなく、ひざの上に広げた、その地方の特産品を賑やかに盛り込んだ弁当は美味しかった。

隣はトイレだから、私の食事中も出入りがある。中には手を洗っても拭かないで出てくる人がいる。さすがにドアの取手を濡らすのは次の人に悪いと思うのか、ほんのちょっと小指あたりをかけてドアを閉め、その後はズボンの太ももになすりつけたり、自分の髪を整える風になでつけたり、中にはピッピッと振り散らかしながら歩いて行く人もいる。その滴は、いくぶんか、近くで食事をしている私の顔にもかかる。そしてたぶん私の弁当にも。

私の存在など頓着しないらしく、誰も気兼ねしている様子はない。もちろん、「すみません」などと声をかけていく人はいない。

この国で障害をもって暮らしていくということは、こういうことなのだ。

トイレの真ん前であっても美味しく食事を楽しみ、人がトイレのあとで振り散らかした水が当たっても動じない、このくらいの鈍感さがなければ、この国で「障害者」として生きてはいけないし、「障害者」としてこの国で長く生きていれば、自然とこのような鈍感さを身に付けさせられるのだ。

1-2　2日前

この日、私は鉄道に乗る予定ではなかった。ちょうど旅行中で、急きょ乗らなければならない事態になり、最寄りの特急停車駅の窓口へ行った。寂しい駅で私以外に乗客の姿はなく、列車が来るまでには十分時間があった。

多くのJR特急には、一編成に一カ所、指定席車両に車いすで乗れるようになった席がある。そこの席を申し込むと、空席かどうかの説明もないままに、「受けられない」という返事。

「なぜですか」と問うと、「2日前までの予約がない」からだという。

いや、ここでこんな返事に遭うとは思ってもいなかった。

車いす使用者がJRに乗るときは、2日前までの予約を求められている。これはずいぶん昔からの慣行で、車いすを受け入れるための準備が必要だからと説明されてきた。しかし現在では、昔に比べて車いすへの対応も慣れているし、エレベーターなど駅側の受け入れ体制も整ってきており、ある程度時間がかかるのを覚悟していれば飛び込みでも乗れるのが当たり前になっている。小さな国ではあるが、やはり日本は広い。いまだにこういった歴史遺産のようなことを言っている駅があり、駅員はそれが当然のことだという顔をしているのだ。

私は瞬間湯沸かしだから、「2日前…」と聞いた瞬間から沸騰状態になり、頭に血が上ってその駅員に抗議したが、いくら言っても相手はガラスの向こう。この地でのルールはそうであるから、指定席券はもらえなかった。

残る選択は自由席だが、自由席車両は車いすでの乗車を想定していないのでドア幅も狭く、たとえ乗り込めたとしても居場所はない。唯一乗れる構造になっているのは私が取らせてもらえなかった車いす席のある指定席車両で、しかし指定席券はないから客室には入れてもらえず、デッキにいるしかなかったのだ。

1-3　20年前と今と

私は20年前のことを思い出した。

冬の寒い朝、前日にそこでの講演をすませ、これから帰路に就く。2時間あまり、ローカル線の特急列車の旅である。

当時では普通のことだったが、この列車に車いすが乗れる車両はなかった。幸い乗降口は私の車いすがかろうじて通過できたので、駅員に手伝ってもらってデッキに乗り込んだ。しかし客室の通路は狭すぎて入れない。デッキしかないのでそこにい続けることになった（写真1）。通路に続く扉のガラス窓は、暖かな客室と寒々としたデッキを無感情に仕切っていた。

走り始めてしばらくして、風が冷たく流れるのを感じた。寒い。列車はギスギスと揺れてはいるが、どこも閉じられている。そういえば、なぜ床が濡れているのだろうか。

雪だ、細かな雪が舞っている。私のいるところのすぐ近くに車両の連結部がある。そこを覆う幌に切れ目が入っていて、揺れるたびにそこから冷たい風と粉雪が入ってきているのだ。

ガラス窓の向こうでは会社員らしき男性が二人、上着を脱いで談笑しているのが見える。窓枠に缶ビールも見える。

私はなぜこのような扱いを受けなければならないのだろうか。

時間がたつにつれて、体の芯から冷えてきた。私は脇をぐっと締めて腕組みし、小刻みに震える体を固くするしかなかった。ここから到着駅まで、客室にどれだけの空

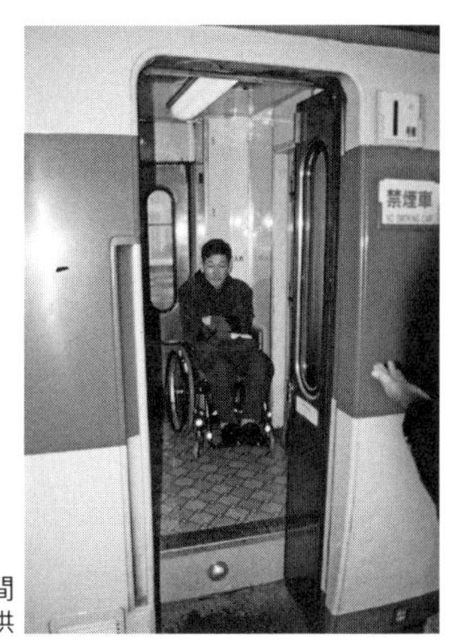

写真1　20年前。これから2時間
（一社）鳥取県建築士事務所協会 提供

席があろうと、私がいられるのはここだけなのだ。

下半身は冷え切っている。こうなると暖房の効いた部屋で何時間いても足は冷たいままだ。入浴して温めないと元に戻らない。その冷え切った足を巡った血液が上半身に戻ってくるのだから、さらに寒さがこたえる。顎が合わなくなってきた。

強い眠気が襲ってきた。震えているのに眠い。眠ったら死ぬかもしれない。まさか…。

思考力の低下する中で、それからの私はひたすら強烈な睡魔と闘い続けた。

顎をガチガチいわせながらの長い、長い、2 時間だった。

それから 20 年。この 20 年間で何が変わったのだろうか。

寒さに震えていた私と、トイレからの水を振りかけられている私。

列車は新しくなった。車いす席も、車いすで使えるトイレもある。しかし、鉄道会社の私への扱いにどんな違いがあると言えるのだろうか。

20 年前は設備などなかった。今は整備されているのに変化を感じられないとしたら、設備の問題ではない。どこか考え方の基本に大きな間違いがあるのではなかろうか。

一人の乗客として、なぜ他の人と同じような扱いを受けられないのか。

どうしてこの国で「障害者」となるとこのような待遇になるのだろうか。海外から来た人にも、障害がある限り「障害者」としての扱いが待ち構えている。日本を楽しんでほしい。しかし、訪問先の事物に対してではなく、自分に障害があるということに否応なく向き合わせてしまうのだ。

私はこの原因に、障害のある人の社会参加についての権利を認めない国の姿勢と、障害のある人の社会参加を「心」「やさしさ」「思いやり」の視点で見てしまう社会の考え方があると思っている。そしてそれらの背景には、「福祉のまちづくり」という言葉、そしてその言葉を違和感なく受け入れ、使ってきたあげくに「心のバリアフリー」という言葉に疑問を抱かない社会全体の空気があると思っている。

言葉、それ自体に問題があるわけではない。たくさんある言葉の中から、この項目に対してこの言葉を充ててしまうこの社会のありようが問題なのだ。

1-4　エレベーターがあっても1時間

イギリス、ガーディアン紙（電子版）（文1）によれば、東京の鉄道駅のエレベーターの整備状況は世界トップクラスであるという。では車いす使用者も自分でホームに行き、自由に乗り降りできるかといえば、それが可能な路線は極めて限られている。電車の床とホームの間に、車いすでは乗り越えられない段差と隙間があるからである。

したがって、多くの車いす使用者は係員の介助を頼むことになる。しかし介助の係員はいつ来るかわからない。ある日のJR新宿駅では「1時間くらいかかるかも」と言われた（結局は20分程度で来てくれたが、それだって介助を必要としない人からみれば、異常なことである）。

駅のエレベーターは2000年の交通バリアフリー法の成立から急速に整備された。それ以前はもっぱら駅員に担がれていて（これを「おみこし」という）（写真2）、4人の駅員が集まるまで1時間待たされるのは珍しいことではなかった。ときには2時間ということもあった。これでは社会生活ができない。普通私たちは、集合時刻に間に合うようにと、今自分のいるところから集合場所までの時間を逆算して行動を起こす。日本の公共交通機関の正確な運行は、それの大きな助けになっている。しかし駅で介助が必要な人にとっては、改札を通った後でどれだけの時間がかかるか、全く見当がつかないのである。こうして障害のある人の、就労も含めた社会生活は、社会環境の都合によってそこらじゅうで邪魔されてきた。それを解決する決定打がエレベーターだっ

写真2　おみこし

（文1）“Access denied: wheelchair metro maps versus everyone else's”, *The Guardian*, 2019年4月26日
https://www.theguardian.com/cities/2017/sep/21/access-denied-disabled-metro-maps-versus-everyone-elses

たはずなのに、そしてガーディアン紙も称賛するくらい世界に誇る整備率であるというのに、今でもこんなに待たされるとは…。

しかも、エレベーターはあるのだから、ホームまでは自分で行けるはずであるが、首都圏のJRではそれを許さない駅が多い。改札を抜けたところで係員が来るまで待っているように言われる。改札を抜けて人が忙しく行きかう駅で、川のよどみのように人の流れから少し離れたところに身を置いて、慌ただしい世の動きから取り残されたように無為の時間を過ごす。

私の一生でこうして待たされる時間のトータルはどれほどになるのだろうか。日本において障害のある人は、待たされることに「慣れる」ことを徹底的に叩き込まれる。なぜ待たされるかを問うてもちゃんとした答えは返ってこない。「申し訳ありません」という答えがそれ以上の問答を打ち切るように返ってくるだけ。そういうものだと飲み込むしかないのである。

1-5 自己決定と尊厳

人は生まれたとき、24時間の完全要介護状態にある。そこから少しずつ自分一人でできることを増やしていき、大人になっていく。

歩き始めると保護者の手を振り払って、一人で歩こうとする。2歳くらいになると、いろいろなことを自分一人でやりたがる。成長というのは、ある時期においては、いろいろなことを自分一人でできるようになることと直結しているのだと思う。

しかしそれでは、重度な障害があっていろいろなことが一人ではできない人は、最初から自立を諦めなければならないのだろうか。そう考えた人たちが出したのは「自己決定」という結論であった。どこで暮らし、どんな服を着て、何を食べて、誰と友達になるか、そういった暮らしの一つひとつを自分で決めていくこと（＝自己決定）が「自立」であると彼らは定義付けた。そんなことは大人であればごく普通にやっていることである。しかし障害があるとその当たり前のことが許されない。自己決定は障害のある人にとってそれほど貴重で得難いものだったのだ。ここに「自己決定」という自立の概念を押し立てて、「自立生活運動」が生まれた。1970年代初頭のアメリカでのことである。

彼らは“Nothing About Us Without Us”（私たち抜きで私たちのことを決めるな）と叫び、さまざまな社会環境整備において自分たちの意向を聞かずに周りがこれがいいだろうと思う整備が進められることに対し、のけ者にするなと主張した。この考え方は、のちに国連で障害者権利条約が採択されるときの議論に世界中から参加した障害のある人のNGOの合言葉になった。

たとえ自分でできないことが多くあったとしても、何をどうするか、誰にその実行を任せるかを、自分で決めて実現していく。自分の暮らし方の決定を人に委ねないことこそ自己決定による「自立」であり、これは人としての「尊厳」の問題なのである。

日本の大都市の鉄道では、エレベーターはかなり整備されている。しかし改札を通っても一人で自由に動くことは許されず、目の前に到着した列車に乗るかどうかも駅の都合で決まる。さらにJRなどは、どの車両のどのドアから乗りたいかをたずねもせずに勝手に決めてくる場合が多い（注1）。ここに乗りたいと言っても、「もう降りる駅に連絡しましたから」などと言う。彼らには障害のある人の「自己決定」などはどうでもいいことのようである。

こうして障害のある人は外出するたびに自己の「意思」をないがしろにされ、それでも社会の中で生きていくために、外出し、鉄道を利用せざるを得ないのである。

仕方ないではないかとの声もあろう。確かに仕方ない。鉄道側にも何か事情があり、仕方ないからこうなっている。しかし海外では自由に鉄道を利用できるところもたくさんあり、なぜ日本ではできないのかという疑問がわく。国や事業者は障害のある人が感じている不平等感を小さく見積もりすぎているのではないか。

突き詰めれば「金」の問題かもしれない。費用がかかるから無理ですと。

（注1） JR以外の私鉄では、こちらの意向を聞いてくることが多くなっている。首都圏のJRのある駅でのこと。駅員が勝手に乗る位置を決めてきたので、車いす用のスペースのところに乗りたいと伝えた。するとその駅員は「スペースがどこにあるか知らないので、そこからは乗せられない」と答えた。

確かに何をするにも「金」はかかる。しかし障害のある人が主張しているのは「尊厳」という、金では測れない、しかし人間として欠くことのできない価値観なのだ。

こうした社会で生きていくための処世術として､障害のある人は「黙って」､「我慢」して、「慣れて」､「鈍感」になってきた。自分の「尊厳」を押し殺して…。

1-6 国土交通省の姿勢

■ 1-6-1 「福祉はやさしさである。やさしさを求める法律に強制は似合わない」

1994 年に建設省（当時）はわが国で最初の建築物のバリアフリーについて定めた「高齢者、身体障害者等が円滑に利用できる特定建築物の建築の促進に関する法律」（以下、ハートビル法）を作った。しかし同法では、バリアフリー整備は義務ではなく、建築主の努力義務とされた。条文には（整備するように）「努めなければならない」と書かれており、建築主は整備への努力は求められているが、整備する（バリアフリーにする）という結果までは求められてはいなかった。建築主としては「努力はしたけど困難が大きくてできませんでした」という言い訳が可能であったのである。

当然、日本初のバリアフリーの法律ができると期待していた障害のある人たちは大きく落胆し、整備を義務化すべきだという声が上がった。これに対して建設省の担当者は以下のように答えたのである（注 2）。

「**福祉はやさしさである。やさしさを求める法律に強制は似合わない**」。

■ 1-6-2 「社会的なコンセンサスを形成する必要がある状況」

1994 年にできたハートビル法は、2000 年にできた「高齢者、身体障害者

（注 2） 申し訳ないが、この発言が、いつ、どこで、誰によってなされたのかの記録が、私にはない。ただこの言葉を聞いたときの強烈な記憶だけが強く私の中に残っているのである。こうした、根拠が不確かな情報をもとに批判的な意見を展開することについての批判に対しては、甘んじて受ける。しかしながら、この発言以降の建設省、そしてそれを継承した国土交通省の姿勢は、この発言が私の夢想ではないことを証明しているのも確かである。

等の公共交通機関を利用した移動の円滑化の促進に関する法律」(以下、交通バリアフリー法)と合体して2006年に「高齢者、障害者等の移動等の円滑化の促進に関する法律」(以下、バリアフリー法)となった。

バリアフリー法には建築物や公共交通(駅等の施設や車両等)などのさまざまなガイドラインが作られており、必要に応じて改正されている。その改正作業の一つの会議において、以下の質疑が行われている(文2)。(質は委員からの質問、答は国土交通省からの答弁。太字は川内による)

質:障害者差別解消法の根本には障害者権利条約がある。障害者が公共交通機関を利用することは権利と考えるか。

答:移動権については、縷々議論されてきているが、**社会的コンセンサスが得られているとはいえない状況**。障害者差別解消法では「不当な差別的取扱いの禁止」及び「合理的配慮の提供」を求めているところであるが、施行後3年をメドに必要な見直し検討を行うこととなっている。これから事例の収集・分析等を行っていく。

質:権利ではないということか。

答:少なくとも社会的なコンセンサスを形成する必要がある状況ということ。

質:障害者権利条約は批准されており、国内法も準拠する必要があるのではないか。

答:移動権のあるなしにかかわらず、バリアフリー法に基づきバリアフリー化を進めているところ。

この答弁は、回りくどく言ってはいるが、国交省としては(答弁した時点において)障害のある人が公共交通を使って移動する権利を認めていないと述べたものである、と私は受け取っている。

さらに言えば、質問は「公共交通機関を利用すること」について聞いているのに、答えは「移動権については」と範囲を広げている。国としては公共

(文2)「移動等円滑化のために必要な旅客施設又は車両等の構造及び設備に関する基準等検討委員会」第1回議事概要(2016年10月)
https://www.mlit.go.jp/common/001155288.pdf

交通に限らず、障害のある人の移動する権利全般について認めていないということなのかもしれない。

以上の二つの経験は、私がこの分野で活動してきたうえで大きな動機付けとなっているものである。

1-7　国際的な影響

国土交通省（以下、国交省）におけるバリアフリー施策の中心はバリアフリー法である。表 1 は国交省のバリアフリー施策とそれに関連する法律等の今日までの変遷であるが、下線で示すように 2011 年から顕著な変化が起こってきている。それは国連の障害者権利条約（以下、権利条約）の批准や 2020 年東京オリンピック・パラリンピック（以下、2020 オリ・パラ）開催に関連した海外からの影響である。

それまでのバリアフリーは国内的な問題であり、国内にのみ通用する価値観でも推し進めることができていたが、近年は海外からの要素が大きな比重を占める時代になってきたということである。

表 1　バリアフリー施策の変遷

1994	ハートビル法（建築物）
2000	交通バリアフリー法（公共交通）
2002	ハートビル法改正（建築物）
2002	身体障害者補助犬法
2005	ユニバーサルデザイン政策大綱
2006	バリアフリー法（建築物＋公共交通）
2011	障害者基本法の改正
2012	障害者自立支援法から障害者総合支援法への改称、改正
2013	2020 オリ・パラ招致決定、IPC ガイド
2013	障害者差別解消法（新法）
2013	障害者雇用促進法の改正
2014	障害者権利条約批准
2018	バリアフリー法改正
2020	バリアフリー法改正

その海外からの影響の核となるのが、その社会が障害のある人をどう扱うかという考え方であり、権利条約第 1 条では以下のように述べている。

権利条約　第1条　目的
この条約は、全ての障害者によるあらゆる人権及び基本的自由の完全かつ平等な享有を促進し、保護し、及び確保すること並びに障害者の固有の尊厳の尊重を促進することを目的とする。（後略）

ここからわかるように、権利条約では障害のある人の「人権」、「基本的自由」そして「尊厳」について述べている。すなわち、世界は障害のある人を「人権」、「基本的自由」、「尊厳」の観点で見ているのである。

ここで本書の結論をお伝えするが、私の視点での分析によれば、残念ながらわが国の（少なくとも国交省による）バリアフリーは権利条約の基本的な考え方を受け入れておらず、大変残念なものになっているし、2020オリ・パラのレガシーの受け皿ともなり得ていない。

なぜそうなっているのか、それで何が問題なのかについて、これから述べていくことにする。

1-8　バリアフリーとアクセシビリティ

本書では上記のような国際的な観点からわが国のバリアフリー法をどう考えていくかについて述べるが、まずは用語の国際化を図りたい。本書ではこれまでバリアフリーとアクセシビリティを混在して書いてきているが、わが国で一般的なバリアフリーという言葉は（私の知る限り）海外ではあまり普及していない用語である。海外で一般的に用いられているのはアクセス（Access）あるいはアクセシビリティ（Accessibility)、そしてその形容詞であるアクセシブル（Accessible）という用語である。したがって本書では、法令名や引用文書にバリアフリーが用いられている場合を除き、基本的にはアクセシビリティという用語で論を展開していく。

第２章
夜遅く来るな

私は1953年生まれで、この原稿を執筆している時点で67歳である。19歳のときに首を骨折し車いす生活となった。当時は学生だったが、よき指導者に恵まれ、いろいろな幸運が後押ししてくれて一級建築士の国家資格を取り、建築技術者としてやってきた。さらに36歳のときにはアメリカで1年間過ごすという経験を得ることもできた。

ちょうど1989年から1990年。アメリカではADA（Americans with Disabilities Act: 障害のあるアメリカ人に関する法律）（以下、ADA）という、世界に大きなインパクトを与えた法律が作られた時期だった（注1）。さらに幸運は、私が1年間過ごしたのがサンフランシスコ近郊のバークレー（Berkeley）というアクセシビリティの先進地であったことだった。日本では車いすで入れる建物は限られていて、ましてや車いすで使えるトイレは希少だった時代である。鉄道の単独利用は可能であったが、乗りたいときに行ってすんなり乗れるという状況など夢物語の日本からやって来て、たいていのお店に入れ、バスにはリフトが付き、地下鉄にはエレベーターが完備して、列車にも一人で乗り降りできる（写真１）というバークレーの町に大いに驚いた。そしてそれらが法律によって求められているもので、整備しないと罰則があるというのにも驚いた。

その時点で私はすでに20年近くの車いす経験を持ち、それによる日本の常識では、障害のある人の社会参加は人々の善意をもとに実現されるもので、感謝しこそすれ、その良しあしを批判するようなものではなかった。ましてや、

（注１） ADAは、障害があることで他の人と異なる扱いを受けることは「差別」だと明記しており、障害のある人にアクセスを提供することは、差別をなくすために社会全体として取り組まなければならないことなので、整備は義務とされている。

アクセシビリティ整備を法律によって、しかも罰則付きで行うのだという考え方は全くなかったのだ。

・アクセスは人権だ
・他の者との平等
・リハビリすべきは社会だ
・建物の入口に階段があって車いすが入れないとしたら、それは差別だ

これらのアメリカで学んだことは、今も私の中に深く刻み込まれている。

帰国して、しばらく郷里で建築技術者としての生活を再開していたが、40歳の1993年、思うところがあって上京することにした。まずは都内でアパート探し。選択肢は都営新宿線沿線しかなかった。当時、毎日100万人単位が利用するような大きな駅でも、エレベーターやエスカレーターなどは当然のように無い時代で、都営新宿線は最新の路線として各駅にエスカレーターが付いていた。エスカレーターがあれば何とか地下鉄が利用できる。

東京では建築設計事務所に勤め始めたが、すぐにバークレーとの大きな格差を痛感させられた。ある日、終電近くに帰ってきた。すると駅員が「こんな遅くに来ないでくれ。こっちも駅を閉めるのに忙しいんだから」と言うのだ。この駅ではエスカレーターでの上下移動や電車への乗降の際に駅員の介助を頼んでいた。私だって頼みたくはない。環境さえきちんとできていれば一人でできることで、実際、バークレーでは誰にも、何も頼まずに電車に乗っていたのだ（写真1）。車いす使用者単独では乗れない環境しか提供していないのは地下鉄側の責任なのに、なぜこちらの社会生活が脅かされなければならないのだ。私だって早く帰って寝たい。それができない事情があるのだ。構内アナウンスでは「ご利用あり

写真1　介助なく乗降

がとうございます」と感謝しているではないか。「車いす使用者以外の人にありがとうございます」なんて放送は聞いたことがないぞ。

この一件で、（それが全社的なものなのか、この駅員だけのものなのかはわからなかったが）少なくとも彼は私を客だとは思っていないことははっきりした。

私の中には、どこにでも自由に行けたバークレーでの経験がある。当時日本はバブル崩壊で経済は後退局面にあったが、その直前までジャパン・アズ・ナンバーワンと持ち上げられ、経済大国だ、生活大国だと絶好調を謳歌していたではないか。それなのにこんなアクセシビリティしか提供していない日本社会に対して、私は強い憎しみに似た感情を持ち始めていた。

なぜ行く先々で助けをお願いし、さまざまに制約され、不愉快な目にばかり遭わなければならないのか。どうして日本社会はアクセシビリティに正面から向き合わないのか。障害のある人は社会の付け足しなのか。アクセシビリティは社会からのおこぼれなのか。

こういう感情がベースにあったこともあって、私はこの駅員の言葉を無視した。この駅員に毎日会うわけではない。それにこんなことを言うのはこの駅員だけだった。本当は友好的にやりたいが、こいつとだけは気まずくても結構、そういう気持ちだった。

第３章

「心」「やさしさ」「思いやり」

3-1　付きまとう「心」「やさしさ」「思いやり」

写真１はある鉄道駅の改札を少し入ったところにある貼り紙である。駅構内の移動や列車への乗降時に介助が必要な人が、介助の駅員または警備員と落ち合う場所に貼ってある。ピンクの帯に「おもいやりエリア」と白抜きで書かれた文字の後ろには、車いす、ベビーカー、杖を持つ人など、電車の優先座席におなじみのピクトグラムが、透かしのように入れられている。

しかしなぜ「待ち合わせ場所」ではなく「おもいやりエリア」なのだろうか。

ここでは、誰が、誰に、なぜ、何のために思いやるのかを説明していない。暗黙に「ああ、『あの人たち』ね」と思わせ、「あの人たち」＝思いやりの対象と印象付ける効果を生んでいる。そしてたいていの日本人は、「ああアレね」と感じているらしい。

写真１　駅の落ち合い場所

写真２はある鉄道駅のエレベーター乗降口に貼り出してある。車いすやベビーカーなど６種類の絵が描いてあり、「エレベーターのご利用は、必要とされるお客さまを優先させていただいております。みなさまのやさしい心づかいをお願いいたします。」と書いてある。

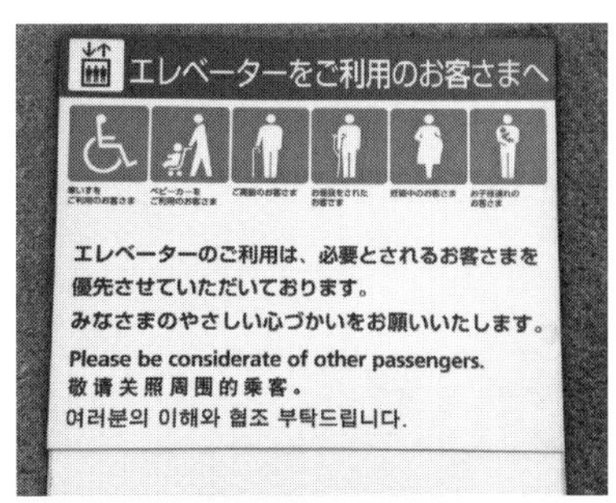

写真２　エレベーターの貼り紙

エレベーターは、もちろん誰が使ってもいい。なぜこの人たちを優先に扱うのかの説明はない。「必要とされるお客さま」と言っているが、エレベーターの前にわざわざ来ているのだから、程度の差こそあれ、みんなエレベーターを必要としている客だとも言える。エレベーター「しか」使えない人と、エレベーター「も」使える人がいて、この貼り紙は「も」の人に「しか」の人のことを考えてくださいと言っているのだろう。しかしなぜそのことをきちんと説明しないで、「やさしい心づかい」としているのだろうか。

写真3は、障害のある人や妊婦等が乗降しやすいように幅広のスペースがある駐車場所を示している。上に車いすや妊婦、松葉杖を持つ人の絵が描いてあり、下に「専用スペース　思いやりの心でご協力ください」と書いてある。ここではそこをこの絵の人たちの専用としているのだが、それ以外の人の駐車が後を絶たないために「思いやりの心」でと協力を求めている。

写真4はある列車のフリースペースで、ガラス窓には（文字は大きくないが）「おもいやりゾーン」と表示してある。

これらからわかるのは、すべての例が、説明をせずに感情に訴えているということである。

写真3　駐車場の掲示

写真4　電車内の車いすスペース

このように、障害のある人が日本のまちに出れば「心」「やさしさ」「思いやり」が必ず付きまとってくる。そしてそこには、「なぜ」という説明はなく、とにかく人々の感情に訴えかけているのである。これらの掲示物は、そういった空気を作り出していると言ってもいいかもしれない。

社会生活を送るうえで、他者との関係で、「心」「やさしさ」「思いやり」は必要なことだ。しかし私には、これらの言葉が障害のある人や高齢の人に関係する場面で、あまりにもひんぱんに出てきているように思えて仕方がない。それはあたかも、障害のある人や高齢の人の社会生活が、周りからの「心」「やさしさ」「思いやり」という感情によって成り立つ、逆に言えば、それらがなければ成り立たない、と刷り込んでいるように思える。

障害のある人が暮らしていくうえで、周りからの「心」「やさしさ」「思いやり」が重要だとしたら、それらの対象としてぴったりくる人のほうが社会生活を送りやすいということになる。そしてそれは障害のある人に「心」「やさしさ」「思いやり」の対象として「おとなしく従順であれ」という無言の圧力を加えているのだ。「障害があるのだから、皆にかわいがってもらえる人間にならなければならない」と言われたことのある障害のある人は、私の周りにけっこう多い。自己主張せず、いつもにこにこしていて、人に好かれるほうが生きやすいとしたら、それは社会が障害のある人を選り好みしているということであり、権利や平等といった考え方とは全く異なるものである。

3-2 「心」「やさしさ」「思いやり」とのすれ違い

最近、車いすを使っている私がエレベーターに乗り込もうとすると、ずっと乗り場の呼びボタンを押して、扉が閉まらないようにしてくれる人が多くなった。私が先頭で待っていると、私より先にさっとエレベーターに乗り込んで、中の「開」ボタンを押してくれる人もいる。

ある鉄道駅に着き、ホームから改札に降りるエレベーターに乗った。その駅のホーム幅は狭く、こちらから乗って向こうから降りる通り抜け型のエレベーターだった。私の後ろには、白髪の高齢女性とその娘さんと思しき女性がいた。扉が開いて、後ろの二人も乗れるように、私は奥に乗り込んだ。そのため少し後ろ手になったが、エレベーター中央部の低い操作盤の「開」ボタンを押しつつ、頭上のバックミラーで二人が乗り込むのを見ていた。すると娘さんが乗ってきて、幅の狭いエレベーターの中、私の横をカニ歩きで通って、私と前方扉の間の狭い空間に入ってきた。窮屈な中で私の左前方にある操作盤の前に張り付いたのだ。そのあいだ、ずっと無言。

私は後方の高齢女性を確認しながら、少しバックした。

改札階に着いた。私は娘さんに「どうぞ」と言ったが、彼女は「開」ボタンを押して私に先に降りろと目配せをした。一瞬、困った。そのまま前に進むと、私のキャスターが彼女のつま先を轢くのだ。しかし彼女の意思は固そうだったので、少し右に膨らむ形で出ようと思い、ブレーキを外した。

その瞬間、車いすが前に押される力を感じた。後ろの高齢女性が無言で私の車いすを押しているのだ。つま先を轢いてはいけない。ブレーキを外したその手で素早くタイヤを押さえ、私は思わず「押すなっ！」と強く言った。

ハッと驚いたような気配があり、後ろからの力はなくなった。私は娘さんのつま先を轢かないように膨らんで外に出た。背後で「あんなに言わなくてもいいのにねえ」と娘さんに話しかける声が聞こえた。確かに急に「押すなっ！」と言われたら驚くだろうし、私の言い方も悪かった。

以前、これも駅のエレベーターで、私の前にいた男性が乗り場の呼びボタンを押して、私に先に乗れと言う。エレベーターの乗り口は狭く、彼のつま先が私のキャスターの軌道から外れていることを確認して素早く乗り込もうとしたが、彼の横を通った瞬間、抵抗を感じ、彼も「いてっ」と顔をゆがめた。轢いてしまった。

私は動き出す前に確認していた（つもりだった）。彼がつま先の位置を変えたのかもしれないが、確かなことはわからない。とにかく轢いたのだから私が加害者だ。もちろん即座に彼に謝り、彼も「いいよ」と言ってくれた。しかしそれからエレベーターが動き始め、到着するまで、彼はつま先を押さえながら「いてー」を何回か繰り返した。針のむしろとはこういうことを言うのだと思った。こういった経験があるから、私はもう二度と轢きたくない。だから強い言葉になった。

私に轢かれた男性には一片の悪意もない。恩を仇で返されたのだから、やり場のない怒りに包まれていたかもしれない。悪意がないという点では、前出の女性たちもそうだ。それで怒鳴られては道理に合わない。彼らは私に対していいことをしたと思っていて、それに何の疑いも持っていない。だから彼らにとっての私は、なんたる無礼者か、ということになる。

人々には、車いすは時間がかかるという先入観があるから、「開」ボタンを押して扉に挟まれることを防いでくれている。あるいは扉そのものを手で押さえてくれる人もいる。これらの行為のほとんどが、出入りできる幅や行動する空間を狭めて、かえって私を動きにくくしてしまう。

写真5 エレベーターの低いボタン

私にとって怖いのは、狭い空間で周りの人にぶつかったり、轢いてしまったりすることである。せっかくやっていただいているのに申し訳ないが、降りる人は降りて、動ける空間を作っていただいたほうがありがたい。あとは自分で都合のいいように動く。そのほうが周りの人を轢いたりする可能性を下げられるし、スムースでもある。車いす使用者の降りる階に着いたら、ご自分はそこが降りる階でなくても、ひとまず外に出て空間を広く取るというのも大きな助けになる。声もかけずに後ろから押すなどということはやめていただきたいし、「開」ボタンを押さなくても、車いすで使える低い位置の操作盤（写真5）で行先階を押しておけば、到着したときに扉は長く開くようになっている（注1）。

いろいろな経験を振り返ると、私と一緒にエレベーターに乗る人々は、その場でどういった行動が最適かを考えるのではなく、ただ「開」ボタンを押すことに注意を向けているように感じる。日本で「開」ボタンを押すという行為が広まったのは最近のことだ。その場に応じた行動がとれるようになるには、まだしばらくの経験が必要なのかもしれない。

まちで出会う人にとって、障害のある人はどう見えているのだろうか。日本社会には、障害のある人は常に困っていて助けを求めているのだという思い込みがあるのではないだろうか。つまり、一人の対等な人間というよりは、手助けをする対象として見られているのではないかと思う。障害のある人だから手助けするのではなく、困っている人がいたら手助けする。そして障害があっても常に困っているわけではないという、ごく当たり前のことが理解

（注1） 低い位置のボタンを押すと、扉が10秒程度開き続けるように設定されたものが多い。ちなみに従来からある高い位置のボタンだと4秒前後である。ただむやみにこのボタンを多用するとエレベーターの運行効率が落ちるので、必要なときのみの使用にとどめたい。

写真6 エレベーターの行列

されておらず、障害＝手助けというシンプルな連想が人々の行動を左右しているように思える。

皆さんが車いす使用者に気をつかってくださっているのはよくわかるのだが、一方で、写真6のような行列に並んでいて、先のほうへと譲られた経験はあまりない（注2）。ただ、そう譲られたとしても、私はそれを受けることは基本的にはないだろう。エレベーターを待っている人はそれぞれに事情があるはずだ。外見上はわからなくても肺や循環器等に内部障害があり、エスカレーターまで遠いのでエレベーターに来ている人だっているだろう。その事情を知らない第三者が誰が優先かを決めるべきではないし、条件反射的に車いす使用者を優先するのはおかしいのではないかと考えている。

ただ、こんな理屈っぽいことを考えている私でも、むかっとすることはある。うちの近所に相撲部屋があり、浴衣姿で地下鉄駅に力士がやってくる。私の見る限り、彼らのほとんどが何の躊躇もなくエレベーターに乗り込むのだ。力士だからたぶん内部障害はないだろう。彼らの仕事は強くなることだ。足腰を鍛えるためには階段だろう、と思う。こんな力士を見ると、私の暗黒面が「あんたは絶対強くなれないからな」と言ってしまいそうになる。もちろん口に出しはしないが…。しかしこういった考えも実は正しくない。もしかしてこの力士は稽古で脳しんとうを起こし、医者から慎重に行動するように言われているのかもしれない（まあそうは言っても、いつもいつもそんなに多くの力士が脳しんとうでエレベーターを使っているとも思えないが…）。

ともかく、あれもこれも各自の判断であり、互いにそれを尊重すべきだと思う。逆に言えば、人々が正しい判断で社会環境を適切に使っていると信じる／信じたい気持ちがある。それに、優先されなくてもしばらくすればエレベーターはまたやって来て、いずれ乗ることができるのだ。

（注2） 全くないわけではないが、列の中に外国人がいて仕切ってくれるときのほうが多い。日本人は誰かに仕切られるとそれに従う。しかし自分からは行動を起こさない。

ただ、行政への相談窓口等に寄せられる声の中には、エレベーターを並んで待っていたのに後から来た人に追い越されてしまう、という車いす使用者からの声が散見される。「開」ボタンを押す行為と追い越していく行為は正反対のように見える。こういった行動をとる人が今後増えていくのか減っていくのか、それは社会全体の力によるのだろうと思う。

3-3 断れない重さ

「開」ボタンを押すという行為からは、社会に障害のある人がいるということに思いを巡らせていただいているということが感じられて、とてもありがたく思う。ただ残念なのは、その思いと障害のある人の受け取りにズレが生まれることがあるということである。

互いの思いがかみ合わなくて一方通行になっているように見える。こういった一方通行の「心」「やさしさ」「思いやり」が私には重い。まちに出ると、周りの人が私の存在や行動を常に横目で見ていて、チャンスがあれば手助けしようと待ち受けているような息苦しさを感じることがある。この社会にいる以上、本人の意向がどうであれ、ともかく「心」「やさしさ」「思いやり」の対象に置かれてしまった側には、それなりの態度が求められているように思う。それは、周りからの手助けや温かい視線を従順に受け入れる、常に受け身のイメージの、「よき障害者像」なのだろう。

欧米に行った人が、「向こうでは、普段は何でもないのに何か助けが必要なときにはさっと声がかかり、手が出てくる」と感激して帰ってくることがとても多い。手助けをするという点において、やっていることは同じように見える。なぜ欧米では軽く、日本では重いのだろうか。

私はそれを「断れない重さ」だと感じている。

日本では障害のある人を手助けすることを「いいこと」をしていると思っている人が多いのではないだろうか。一方欧米では、それは「あたりまえのこと」をしているという感覚なのではないだろうか。「いいこと」であるがゆえに、受ける側としては相手を立てなければならない。そのために断れないという条件が付くから重く感じる、ということなのだろうと思う。

「声かけをしたら断わられたことがあるので、もう声をかけない」と言う人も多い。こういう心理も「いいこと」をしているという気負いによるものではないだろうか。「いいこと」だから相手は歓迎するだろうと期待してしまい、断られると裏切られた気持ちになるのだろう。

なぜ、「いいこと」になるのか。私は、日本社会が障害のある人を弱く助けのいる人間、思いやられるべき人間として見ているという空気を感じる。その空気は、「心」「やさしさ」「思いやり」で醸し出されてきた日本社会の障害のある人への態度によって生まれているのではないだろうか。意識しないで自然にやっていること、そう、息をするように接することはできないのだろうか。

3-4　差別はなぜいけないのか

わが国では障害のある人に「心」「やさしさ」「思いやり」が必ず付きまとうが、2006 年に国連で採択され、わが国も 2014 年に批准した「障害者権利条約」（以下、権利条約）では、障害のある人が「他の者と平等」に社会に参加するのは権利であり、それを妨げるものは差別であるとしている。

ところで、差別はなぜいけないのだろうか。

日本の子どもは誰でも、差別はいけないことだと小さいときから教えられてきている。しかし、なぜいけないのかと問われたときに、きちんと答えられるだろうか。それは取りも直さず、大人たちに対する質問でもある。

私は「差別」がいけないのは、人間としての「尊厳」を傷つけるからだと思っている。権利条約の第一条、目的では「この条約は、全ての障害者によるあらゆる人権及び基本的自由の完全かつ平等な享有を促進し、保護し、及び確保すること並びに障害者の固有の尊厳の尊重を促進することを目的とする」（下線、川内）と述べている。障害のある人の尊厳の尊重の促進を大きな柱としている理由として同条約の前文では、「(h) いかなる者に対する障害に基づく差別も、人間の固有の尊厳及び価値を侵害するものであることを認め」と述べている。これらのことから、差別は人間の尊厳と価値を侵害するものであるからいけないのだと言うことができる。

「尊厳」とは「人としてのプライド、誇り」である。権利を妨げられれば、

「『他の者と平等』な人間として尊重される」という尊厳を傷つけられる。

私が数人の知人と、美味しいと評判のレストランに行ったとする。店の前に来ると残念なことに階段があり、私だけが入れない。「行きたいところより、行けるところ」。これは私が車いすを使用するようになってから数え切れないほど直面させられてきた問題だ。

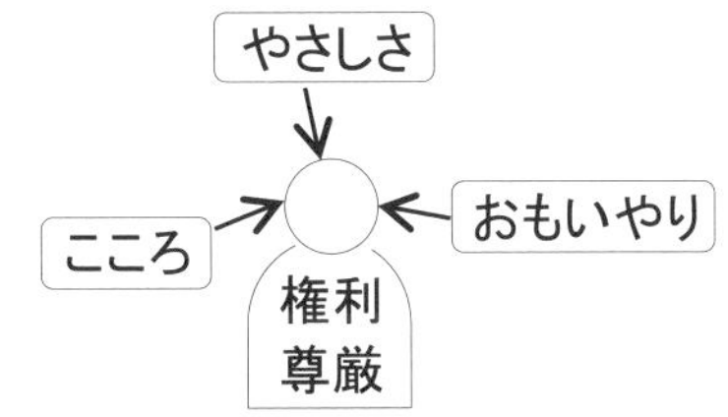

図1　権利、尊厳と心、やさしさ、思いやり

この店に行こうという私の判断は、階段のために有無を言わさず拒否される。外見的には階段があって車いす使用者が入れないのは物理的な問題に見えるだろうが、本質的には、階段という物理的環境によって私の尊厳が大きく傷つけられることになるのである。

「心」「やさしさ」「思いやり」というのは、周りの人がどういった気持ちで接するかということである。一方で「権利」や「尊厳」は周りの態度がどうであれ、本人に内在しているものである（図1）。人々の気持ちは移り変わる。障害のある人に対する「心」「やさしさ」「思いやり」も変化していくかもしれない。しかし「権利」や「尊厳」はずっと私の中にある。

人々が障害のある人や高齢の人に対して、「心」「やさしさ」「思いやり」で接してくるのは、それがいいことだと社会全体で思っているということであろう。しかしこれらは外から本人に対する態度であり、本人がそれを求めているかどうかとは別の問題である。

周りがそれをいいことだと信じて接してくると、それを受け止める側にもある種の圧力を与えることになる。それの一つが「断れない重さ」である。周りは、自分たちの接し方がいいことだと信じている限り、障害のある人や高齢の人がどういう気持ちで受け止めているかを確認してきたりはしない。

障害のある人の社会参加を「心」「やさしさ」「思いやり」の視点で見ることは、問題の本質をぼやかせてしまうことになるのではないか。障害のある人が社会に出ていくということは、周りから特別な目で見られることとは違うはずだ。周りからの視線を気にしながら、常に行儀よくあらねばならないというプレッシャーを感じることとは違うはずだ。

「心」「やさしさ」「思いやり」で語られる高齢の人や障害のある人は、周りの人から一方的に感情を注がれる受け身の存在として考えられている。社会にとって都合がいいのは、彼らが周りの人たちからの「心」「やさしさ」「思いやり」を素直に受け止めてくれることである。だから社会にとって高齢の人や障害のある人は、周りからの一方的な感情の発露に対して不満を言わず従順であると都合がいいし、実際にそう振る舞うべきだと思っている人も多い。社会がいいことだと思っていることに疑問を投げかけたり違和感を表明したりする人は、扱いにくい人なのである。

3-5 「心」「やさしさ」「思いやり」という押し付け

近年、特に大都市ではほぼすべての駅にエレベーターが設置され、車いす使用者が単独でホームに行くことが可能である。しかし、そういった単独行動を認めない鉄道会社もあるし、どこに乗るかを指定してくる会社もある。

大阪の地下鉄で駅員に乗降時の介助を頼むと、「○号車の△番ドアでお待ちください」と言われる。もしこれが東京ならば、「勝手に自分たちの都合で決めないでほしい」と私は即座に抗議するだろう。しかし大阪では何も言わずにその指示に従う。大阪で指示される乗車位置は、降車駅のエレベーターに近い扉なのである。大阪ではこちらの都合を考えてくれているということを承知しているから、私は不満に思わない。東京でも地下鉄等は「どこから乗りますか」と聞いてくる場合が大半であるが、JR は違う。東京の JR では、たいていは駅側が自分たちの都合のいい乗車位置を決めてくる。それらは最後尾の車掌の近くだったり、ホームにある駅事務所のそばだったりする。そしてそれに対して疑問を呈すると、「申し訳ありません」という決まり文句が返って来るだけで、改善されることはない。「申し訳ありません」はそれ以降のやり取りをシャットアウトする魔よけの呪文のようである。

他の乗客にはどこから乗れといった制限はないと思うが、相手が介助の必要な人だと、あたかも当然であるかの如く課してくる。係員の中には、駅の側で乗る位置を決めてあげることが丁寧な対応だと思っている人もいるようである。そこには障害のある人は「不満を言わず、従順」という、社会が勝手に決めたイメージがあり、そのイメージの枠に押し込める無言の圧力がある。しかし一人の乗客として扱うのであれば、どこの乗り口から乗るかは乗客の側が決めることである。当人の希望を踏まえることなく、鉄道会社側が一方的に決めることではないのではないだろうか。

ホームと列車の間に段差や隙間があって、乗降に駅員の介助がいるのだから仕方ないではないかという意見もあろう。しかし後述する社会モデルの考え方からすれば、段差や隙間のために自由に行動できないのは本人に障害があるからではなく、障害のある人が自由に行動できない社会環境に問題があるからだと考えられるから、少しでも当人が自由に行動できるように社会環境の側の制約を少なくする努力が求められるのであり、これが権利条約など、国際的に中心をなしている考え方なのである。

鉄道では、車両の床面とプラットホームの間の段差や隙間が車いす使用者の単独利用を妨げている（注 3）。そこで係員に乗車の介助を頼むわけだが、同様に降りる駅でも係員の介助が必要になる。都市部で乗る駅と降りる駅が近い場合は、降りる駅への手配より早く電車が着いてしまうことがあり、それを防ぐために、鉄道会社によっては係員が一緒に乗ってくることがある。見方によっては大変手厚い対応だが、私はこういう扱いが大嫌いである。

ある日、二駅先に行こうとしてホームで待っていた。そばに折り畳み式の携帯スロープを持った若い女性の駅員もいた。やってきた電車の床が低くて、介助なしでも単独乗降できると判断できた。そこで駅員に「介助はいりません。降りる駅でも一人で大丈夫です」と言って乗車した。しかしその駅員は私の言葉を無視して乗り込んできたのだ。なぜこちらが必要ないと言ってい

（注 3） 国交省は 2018 年に各種車いすによる実証実験を行い、段差 2cm・隙間 5cm 以下であれば被験者の全員（計 23 名）が乗降できることを確認した。しかしこの数値は混雑状況や軌道の状態等に左右され、技術的にも実現へのハードルが高いため、約 9 割の被験者が乗降可能であった段差 3cm・隙間 7cm という目安値を定めて整備を進めることとしている（文 1）。

（文 1）「鉄道駅におけるプラットホームと車両乗降口の段差・隙間に関する検討会　とりまとめ」国土交通省、2019 年 8 月 26 日
https://www.mlit.go.jp/tetudo/tetudo_fr7_000029.html

るのに、その当人の判断を聞き入れないのか。悪いことに、私の瞬間湯沸かし器が沸騰してしまった。

「なぜ私の言うことを無視するんですか」。「あなたはどちらを向いて仕事をしているのですか。私が介助はいらないと言ったのだからそれでいいではないですか」。電車の中で白髪の頑固そうな車いす使用者が若い女性の駅員に厳しい物言いをしているのである。彼女は無言で下を向いていた。周りからは、障害があることを優越的に利用していじめているように見えたことだろう。私は立腹していた。しかしこうして他の乗客のいる前で彼女に厳しい言葉を浴びせたことは彼女の尊厳を傷つけたことになってしまった。腹は立っていたとしても言うべきではなかったし、もし言うとしても、もっと穏やかなやり方があったはずだと反省している。

近い駅に行く場合に介助の係員が乗ってくることは、おそらく誰かがそうすべきだと強く要求したからだろうと思う。車いす使用者だけ待たされるのはおかしいという考え方からすれば、それは理解できる。しかし私のように、そういった大仰な扱いは嫌だという人間もいるのである。介助を受けるというニーズを持っているのは本人だから、本人にどう介助してほしいかの意向を確認し、それを尊重することが介助の基本であるはずだ。

しかしこれは、駅員の側からすれば別の見方ができる。この駅員は私が車いす使用者だから介助にやってきたが、決して私のことを中心に考えているわけではない。駅員は鉄道会社の職員である。車いす使用者を介助するということは会社がそう決めているからやることであって、会社が介助しなくていいと決めれば駅員はやってこない。それと同じく、会社がマニュアルに従って介助せよと言えば、目の前の当事者がどう言おうが、マニュアルを優先するのは社員として正しい態度だとも言える。マニュアルに従っていれば、何か問題が起こったときには駅員個人ではなくマニュアルに問題があったと言い訳ができる。ここにはマニュアルが第一であるという社員教育があり、障害のある人の判断や気持ちを軽んじる空気がある。彼らが想定している障害のある人は、彼らの決定に逆らわず、ありがとうございますと従順に受け入れる受け身の存在であるだろうし、そのほうが彼らにとって扱いやすい。それは、周りの一方的な思いである「心」「やさしさ」「思いやり」と同様の根っこを持つものだろうと、私は思っている。

ともかく、この若い駅員には謝りたい。問題は、ニーズは多様であるということを教えていないマニュアルと社員教育にあるのだ。

以前ある空港で国内線に乗った。搭乗ゲートから先の搭乗橋は下りが続いていて、係員が危険だからと私を一人では行かせない。その勾配は私にとっては造作もないものだったし、建築物のスロープ勾配の基準よりもはるかに緩やかなものだった。係員は下りはバックで介助する決まりだと言って譲らない。当然、ひと揉めした。車いす使用者は普通飛行機に一番初めに乗り込み、一番後に降りることになっている。その日も最初に乗る手はずだったが、この揉め事で他の乗客の搭乗が始まっても前に行けない。係員の上司がやって来て、「絶対バックと決まっているわけではないが危険なので後ろ向きで」と言う。「あれ、おかしいですね。係員はマニュアルでバックと決まっていると言いましたよ。それに私自身が大丈夫だと判断しているのだからそれでいいではないですか」と突っ込むと返事に窮した。さらにその上司がやって来て「いや、マニュアルでバックと決まっています」と、またひっくり返った。揉めているうちに出発時刻が迫り、最後に来た上司の決断で「今回は特別ということで」と私は介助を受けず自分でスロープを下った。

見方によれば、とってもわがままな態度であろう。ただ車いすを彼らに委ねればいいだけの話で、なぜここまで突っ張るのかと思われるかもしれない。私は「まずは本人の意向が第一」という介助の大原則を伝えていないマニュアルの不備、それに気づかずマニュアルが第一と社員に教えている会社の方針に異を唱えたわけだが、その根本には、その背後にある、障害のある人や介助を受ける人に対する捉え方への不信がある。

彼らにとって目の前にいるのは個別のニーズを持つ人間ではなく、車いすに座ってひたすらマニュアル通りの介助に従う人間であるべきなのだ。当人を無視して不十分なマニュアルに隷従することが、果たして介助と呼べるものなのだろうか。海外でさまざまな空港を利用してきて、どの空港でも乗降時の介助を受けてきたが、このように強圧的で一方的な介助を受けるのは、少なくとも私の経験の範囲では日本しかない。

私はこの場で彼らのマニュアルを見せてほしいと言った。離陸が迫っていたし、ここにはないということで拒絶された。後日、別ルートで当たってみたが「お客様にお見せするものではありません」と断られた。理解し難い回答である。直接に影響を受けているのは「お客様」である私なのだ。私は国の公共交通機関等の接遇マニュアルの作成委員の経験もある。マニュアルの良しあしを見る目はあると思っている。その経験からすれば、決して利用客に隠さなければならない内容はないはずだ。高齢の人や障害のある人への接遇に公開できない企業秘密があるとも思えない。マニュアルに自信があるのであればインターネット上に掲載してもいいくらいだと思う。

日本の航空会社の丁寧な接遇は世界的にも高い評価を受けているという。しかしこのような事例に遭うと、それが表面的なもので、実は閉鎖的な体質なのではないかということが見えてくる。

自分の判断や気持ちを軽んじられた私は、自分のことを小さな子どものように扱われたと感じる。それは、たとえ車いすを使用していようが、自立した個人として「他の者と平等」に社会で活動しているのだという私の自尊心が大きく傷つけられることである。

「心」「やさしさ」「思いやり」自体は否定されるべきことではないが、それが当人の意向を無視して、あからさまに過保護な形で突き付けられると、社会の中で「他の者と平等」に生きていきたいという人間として当然ともいえる願いを押しつぶすことになる。それは障害のある人を「尊厳」のある人間として見ているかどうかの問題なのである。

障害のある人間として、今の日本社会から受ける「心」「やさしさ」「思いやり」は、腫れ物に触るような緊張感と不器用さを伴っているように感じられる。それは善意をもとにしたものであろう、あるいは悪意のないものであろうから否定的には言いたくないが、そういった接し方によって、人としての「尊厳」を傷つけられている人がいるのである。

3-6　心のバリアフリーと共生社会

近年、「心のバリアフリー」という言葉がよく使われている。

例えば国土交通省のホームページでは以下のように述べている。

「高齢者、障害者等が安心に日常生活や社会生活が出来るようにするためには、施設整備（ハード面）だけではなく、高齢者、障害者等の困難を自らの問題として認識し、心のバリアを取り除き、その社会参加に積極的に協力する『心のバリアフリー』が重要です」（文 2）。

ここでは「高齢者、障害者等の困難」とは何かの説明はない。

2020 年の東京オリンピック・パラリンピックを見据えて作られた「ユニバーサルデザイン 2020 行動計画」（注 4）（以下、2020 行動計画）の「基本的考え方」によれば、「我々は、障害の有無にかかわらず、…すべての人がお互いの人権や尊厳を大切にし支え合い、誰もが生き生きとした人生を享受することのできる共生社会を実現することを目指している」としており、その共生社会の実現に向けた大きな二つの柱として、国民の意識やそれに基づくコミュニケーション等個人の行動に向けて働きかける取組（「心のバリアフリー」分野）と、ユニバーサルデザインの街づくりを推進する取組（街づくり分野）を挙げている。

そして「心のバリアフリー」の説明として、「様々な心身の特性や考え方を持つすべての人々が、相互に理解を深めようとコミュニケーションをとり、支え合うことである。そのためには、一人一人が具体的な行動を起こし継続することが必要である」と述べている。

「すべての人がお互いの人権や尊厳を大切にし支え合い、誰もが生き生きとした人生を享受することのできる共生社会」と述べているから、共生社会の前提として「人権や尊厳」の尊重があるということになる。であれば、それを実現するための二つの柱のうちの一つである「心のバリアフリー」においても、その基本に「人権や尊厳」の尊重を置くべきだということになる。

私が行った調査（第 12 章参照）では、「心のバリアフリー」という言葉から連想される言葉を選んでもらったところ、「やさしさ」（67.1%）、「思いやり」（65.7%）、「ハート」（63.4%）への選択が抜きんでて多く、「権利」

（文 2） 国土交通省 HP「心のバリアフリー」
http://www.mlit.go.jp/sogoseisaku/barrierfree/sosei_barrierfree_tk_000014.html

（注 4） 2017 年 2 月ユニバーサルデザイン 2020 関係閣僚会議決定

(32.0%) や「尊厳」(19.0%) といった選択を圧倒している。「心のバリアフリー」という言葉で「人権や尊厳」の尊重を表そうとしても、人々はそうは連想していないということである。

障害のある人が大きらいな商店主がいて、自分の店には来てほしくないと考えていたとしても、その店で障害のある人以外の人が買い物ができているのであれば、障害のある人も平等に扱われるべきであるというのが権利条約の考え方であり、障害を理由にして商店主が拒否をすることはできない。つまり、「権利」や「尊厳」は、この商店主のようにやさしくなくても、思いやりがなくても実現されるべきものである。そう考えると「やさしさ」や「思いやり」を連想させてしまう「心のバリアフリー」という言葉を用いることが不適切なものであるということがわかる。

3-7 「あたりまえ」と「やさしい」の間にある差別

私は決して「やさしさ」や「思いやり」を否定しているわけではない。むしろ人間として欠いてはならないものだと思っている。しかしそれは権利や尊厳という価値観によって平等な社会参加という基盤ができたうえで、その質を高めていくという方向性の中で使われるべきだ。決して、「やさしさ」や「思いやり」によって平等な社会参加が実現できると考えてはならない。

平等に暮らせるようになればそれこそが「やさしさ」と「思いやり」のある社会と言えるのではないかという意見があるとすれば、それは隠された差別意識によるものだと言うことができる。

妻に暴力をふるう夫がいる。ある日その夫は態度を改め、暴力をふるわなくなった。この夫は「やさしくなった」と言えるのだろうか。

夫はやさしくなったのではなく、「あたりまえ」になっただけである。今まで暴力をふるっていたことが異常だったのだ。

今まで社会に参加させてもらえなかった障害のある人が、平等に参加でき、暮らせるようになったとしたら、それは他の人と同じレベルになるだけで、人間として「あたりまえ」になるだけである。ただ「あたりまえ」になるだけのことを「やさしい」と言うとしたら、障害のある人には他の人とは低いレベル…他の人にとっては参加できることはあたりまえだけど障害のある人は参加できないことがあたりまえだというレベルの違い…を前提としているということである（図2）。これこそが差別というのではないだろうか。

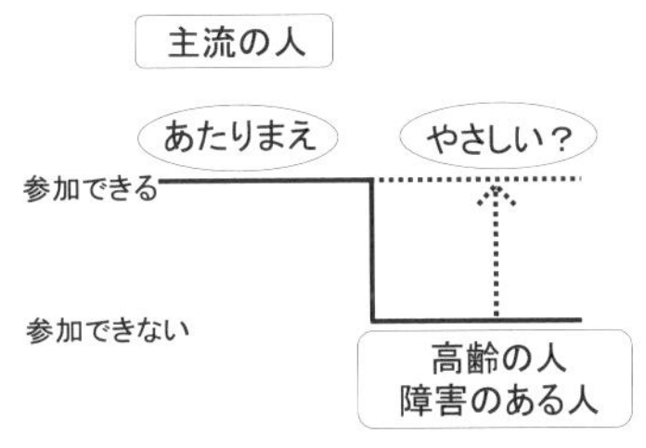

図2 「あたりまえ」と「やさしい」

アクセシブルなまちづくりのことは、よく「人にやさしいまちづくり」と呼ばれている。障害のある人からの行政への要求にも「人にやさしいまちづくり」をとの文言がしばしば出てくる。しかしその実質は、多くの人が自由に行動しているのと同等な環境を障害のある人にも整備してほしいというものであり、バリアだらけの現状を、他の人がバリアなど感じなくてすんでいるような「あたりまえ」の状態にしてほしいという求めである。これを「やさしい」と言うとしたら、先述のように、それ自体が差別的な考え方で、障害のある人自身がそのことに気づいていないという、はなはだ深刻な事態である。

3-8 心のバリアフリーと人権・尊厳

「共生社会」の本来の目的は、「お互いの人権や尊厳を大切にし支え合う」社会であり、「心のバリアフリー」はその実現のための重要な役割を求められている。しかし「心のバリアフリー」という言葉は「やさしさ」や「思いやり」を連想させてしまうことで、「人権」や「尊厳」から遠ざけてしまうという問題を抱えており、そんな言葉を使おうとすること自体が適切ではないことだと言える。

平成7年（1995）の障害者白書は、障害のある人と社会の関係の中でバリアを定義付けており、そこで挙げられた「4つのバリア（障壁）」（注5）はその後の（そして今の）私たちが目指すべき方向性を示している。そこでは

（注5） 平成7年版障害者白書に言う4つのバリア（障壁）
1）物理的な障壁（建築物や乗り物等が使えないなど）
2）制度的な障壁（欠格条項など、資格、試験、法律等の社会の制度から排除されるなど）
3）文化、情報面での障壁（テレビや新聞の内容がわからない、避難放送が聞こえないなど）
4）意識上の障壁（人々の障害に対する無知、無関心による偏見と差別、憐れみ、同情の障害者観）

障害に対する無知、無関心による偏見と差別、憐れみ、同情の障害者観を「意識上の障壁」と呼んでいる。この「意識上の障壁」＝「意識のバリア」がいつの間にか「心のバリア」になり、それを無くすことを「心のバリアフリー」と呼ぶようになった。いつから、「意識」が「心」になったのか、それが誰かの意図したものなのか、あるいは社会全体の考え方の傾向で何となくそうなったのかは不明だが、「心」という個人の感情をもとにした言葉で表すことは、障害のある人と社会の関係を「人権」や「尊厳」といった視点で考える世界的な潮流とは異なるものである。こうして「意識」を「心」に置き換えることによって、社会として取り組むべき問題が個人レベルの感情をベースにしたものに色合いを変えていったと私は思っている。

私たちは、「やさしさ」や「思いやり」と「人権」や「尊厳」を混同してはならないことを強く意識し続けなければならない。日本では「平等な社会参加」という普遍的であるべき「権利」が、容易に「やさしさ」や「思いやり」という個人レベルの心情に取って代わられるのだということを忘れないようにしなければならない。

一方で、障害のある人と「人権」や「尊厳」を絡ませたくないと考える人たちもいる。この人たちにとっては、「やさしさ」や「思いやり」という感情に誘導することで「人権」や「尊厳」から視点をずらさせてしまう「心のバリアフリー」が、とても使いやすい言葉であるのも事実であろう。

もちろん、たとえ「心のバリアフリー」という言葉が適切ではなかったとしても、アクセシビリティは権利実現のためであるという目標が明確であればいいではないかという議論は成り立つ。しかし、意図的に「権利」や「尊厳」を隠したいと考える人たち、あるいは目標を明確に認識できていない人たちにとっては、「心」「やさしさ」「思いやり」という感情的な言葉のほうがむしろ好都合だったであろうし、実際に「権利」を薄めて「心」「やさしさ」「思いやり」に突き進んでいるわが国のアクセシビリティ整備の現状を見ると、「権利」から遠ざけようとする企ては、これまで成功していると言えるであろう。

3-9　意識して使う

これまで、「心」「やさしさ」「思いやり」は「人権」や「尊厳」とうまくなじまないと述べてきた。ではエレベーターや駐車場やトイレで、どのような態度が求められているのだろうか。

私は「意識」して使うことだと考えている。

エレベーターや駐車場やトイレで、そこにあるからと漫然と使うのではなく、自分が今そこを使うのは正しい行動なのだろうかということを「意識」し、使うかどうかを判断するということである。

エレベーターや駐車場やトイレといった社会にある多くのものは、他の人と共用している。いかに誰にでも使いやすいような機器や設備を作ったとしても、一人に一台／一カ所ずつ提供できるわけではないから、皆で分け合って使うことが求められる。例えば駅の上下移動では階段、エスカレーター、エレベーターが提供されている。それぞれの設備は特性が異なっているから、これしか使えない、これが一番使いやすい、あるいはどれでも使えるといった具合に、利用者の事情は異なる。その場にいて、その設備の特性と周りの人の状況によって自分はどう行動すべきかを判断し行動することが求められているのではないかと私は思う。

「やさしさ」や「思いやり」は、周りから障害のある人や高齢の人に向けられている。そうではなく、自分と周りの状況に意識を向け、それによって自分なりの行動の規範を持つことが求められているのではないか。そして、それによって決めた行動というのは、自分以外のある特定の人々のために為すのではなく、自分が持っている価値観のために為すものであるはずだ。

3-10　社会参加と寛容さは関係しない

障害のある人が社会で活動することが権利だと理解されていない社会では、障害のある人の社会との関わりは常に社会のご機嫌次第という側面を持つことになる。そんな社会で生きていくために、障害のある人はおとなしく従順であることを強いられてきた。そして社会は「心」「やさしさ」「思いやり」で自分たちは寛容なのだと自身に刷り込みながら障害のある人を受け入れてきた。

権利の視点からすれば、社会参加と寛容さは関係しない。権利を実現するのに寛容さが必要だとすると、障害のある人が社会参加する権利は、社会の側の気持ち次第でどうにでもなるということになってしまう。

多くの人は当然のように社会の中で生きている。それは社会が寛容だからだろうか。そんなことは、誰も考えないのが普通だろう。それなのに障害のある人に関しては、社会が寛容かどうかという言葉が出てくること自体、おかしいことではないだろうか。

障害のある人も社会の一員であり、障害の内容や程度にかかわらず社会参加は各人の権利としてある。そういう認識のうえで制度や環境を整備していくのは必要かつ当然なことであり、他の者と平等に社会参加できるようにするという目的のために社会的な基盤を整えなければならない。

寛容さをもって障害のある人を受け入れるというのは、これまでそこにいた先住者が新参者に対して優越的な立場にあるという印象である。しかし障害のある人は新参者でもないし、劣後者でもない。権利条約が求めているのは寛容さではなく、他の者と同じ土台に立つための制度、環境である。

「障害のある人の社会参加のために社会は寛容であるべきだ」というのは、障害のある人とそうでない人は立場的に平等ではなく、「受け入れる側」と「受け入れられる側」に分かれているという考えに基づいている。そのような、障害のある人とそうでない人を区別する考え自体がなくなるように、誰かが困ったときすぐに対応できる社会環境の多様な整備こそが必要である。

「心」「やさしさ」「思いやり」の気持ちを持つことは悪いことではない。がしかし、それが社会参加と関連付けられることは間違いである。なぜなら、「心」「やさしさ」「思いやり」は感情であり、社会参加は権利だからである。

第４章
「福祉のまちづくり」の歴史

4-1 「福祉のまちづくり」とは

わが国ではアクセシビリティ整備を「福祉のまちづくり」と呼んでいる。

都道府県や大きな都市レベルでは「福祉のまちづくり条例」を持っているところが多く、例えば東京都は1995年に「東京都福祉のまちづくり条例」（以下、都の福まち条例）を制定している。また「一般社団法人日本福祉のまちづくり学会」（以下、福まち学会）（1997年7月11日設立）という、主に専門家たちの集まりもある。

しかし「福祉のまちづくり」という概念は海外にはなく、英訳するときには、少なくとも直訳はできない。そのため福まち学会は「Japanese Association for an Inclusive Society」という名称を用いている。

それにしても「福祉のまちづくり」とは何を指すのかぼんやりとした印象である。都の福まち条例の前文では、以下のようなことが書いてある（文1）。

「基本的人権が尊重され、自由に行動し、社会参加できるやさしいまち東京」、「すべての人がありのままに、自らの意思で暮らし、社会参加をし、自己実現を図ることができる」、「誰もが住み慣れた地域に住み続け、働き、学び、遊ぶことができる一人ひとりの生活を支援する仕組みが地域で整い、社会のあらゆる分野に他者を思いやる心が行きわたったまち」、「福祉のまちづくりとは、そのような東京を現実のものとするための物心両面にわたる絶え間ない活動の集積である」。

（文1）「東京都福祉のまちづくり条例」
https://www.fukushihoken.metro.tokyo.lg.jp/kiban/machizukuri/jourei_kisoku/jourei.html

これから見ると高齢の人や障害のある人にかかわらず、社会のあり方についての包括的で重要な目標が書いてある。ここでポイントとなるのは「すべての人」というところで、ここから、今の社会で取り残されがちな人たちに注目するということが導き出される。

一方、福まち学会のほうは以下のように述べている（文2）。

「高齢社会は、少子社会でもあり、次代を担うすべての国民の生活に視点をおいた居住環境施策の展開が求められています」、「法律学、経済学、社会福祉学、医学、リハビリテーション工学、理学療法学、作業療法学、情報・通信工学、人間工学、土木工学、建築学、都市計画学、造園学、観光学など市民の生活基盤づくりに関係するあらゆる分野の方々が結集」、「市民生活の機会均等と生活の質の向上に向けた新たな『福祉のまちづくり』の枠組みづくり、研究開発に向けた取り組み」。

これから見るとずいぶん学際的な取り組みである。したがってここで言う「居住環境施策」とは住宅政策といった特定の分野というよりは、暮らしを取り巻く諸問題全般ととらえたほうがよさそうである。

そうは言いつつ、都の福まち条例の中核はアクセシビリティ整備を中心とした「都市施設の整備」であり、福まち学会の活動の中心も建築、交通、道路といったハード系である。かく言う私も建築を背景としたハード系の人間であり福まち学会の会員でもある。

地方では各地に福まち条例があり、国レベルではバリアフリー法があって、ハードのアクセシビリティ整備を進めているという全体像である。

4-2 「福祉」「福祉のまちづくり」「心のバリアフリー」への受け止め

なぜわが国では、障害のある人や高齢の人に対して「人権」や「尊厳」ではなく、「心」「やさしさ」「思いやり」が付きまとうのであろうか。

私はその背後に「福祉のまちづくり」という呼称があり、さらにその背後には、障害のある人や高齢の人に関することは「福祉」だとしてきた、この

（文2） 一般社団法人日本福祉のまちづくり学会、学会案内リーフレット「設立主旨」
http://www.fukumachi.net/houjin/doc/leaflet200611.pdf

国のこれまでの歩みがあるのではないかと考えている。そこで、「福祉」「福祉のまちづくり」「心のバリアフリー」に対して人々はどのような受け止め方をしているのかを知るための調査を行った（第 12 章参照）。

〈「福祉」に対する受け止め方〉

福祉という言葉には「ハート」（14.9%）、「やさしさ」（36.1%）、「思いやり」（49.4%）がセットのように連想されるのかと予想していたが、どれも少数で、3 者の中でもっとも多く選択された「思いやり」でも半数に満たない。「権利」（16.1%）や「尊厳」（9.9%）を連想した人も少ない。

多く選択されたのは「介護」（91.1%）、「高齢者」（86.1%）、「障害者」（75.4%）、「医療」（69.4%）である。「福祉」は社会保障制度として、その制度でどのような人が対象となっているかが連想されているようだ。なお福祉のまちづくりと関連が強い「バリアフリー」（61.4%）も割と連想されている。

〈「福祉のまちづくり」に対する受け止め方〉

そもそも「福祉のまちづくり」が認知されていない。約半数が「知らない」と答え、「意味は知らない」まで合わせると 7 割以上になっている。

もともとなじみのない言葉だから、それから連想できる言葉が見当たらず、結局は似通っていると思われたのであろう「福祉」の場合とほぼ同様の結果となっている。「ハート」（24.6%）、「やさしさ」（42.1%）、「思いやり」（43.9%）、「権利」（19.6%）、「尊厳」（6.9%）を連想する人は少なく、「福祉」と「福祉のまちづくり」は項目的にも数値的にも似通っている。

そんな中で「公共交通」（40.1%）は割と選択されており、福祉のまちづくりの 2 本柱のもう一方である「建築」（23.3%）との違いが大きい。

〈「心のバリアフリー」に対する受け止め方〉

「心のバリアフリー」についても知られていない。「福祉」とほぼ同じ状況で、約半数が「知らない」と答え、「意味は知らない」まで合わせると約 7 割になっている。

よく知らない中で、「やさしさ」（67.1%）、「思いやり」（65.7%）、「ハート」（63.4%）への選択が抜きん出て多く、「権利」（32.0%）、「尊厳」（19.0%）への選択は少ない。ただ「平等」（49.6%）についてはほぼ半数が選択している。また「福祉」や「福祉のまちづくり」の場合は「高齢者」への選択が「障害者」よりも多いが、「心のバリアフリー」については「障害者」(48.4%)への選択のほうが「高齢者」(39.4%)より多くなっており、「心のバリアフリー」が「障害者」と関連付けて理解されていることがうかがえる。

4-3 「福祉のまちづくり」の経緯

「福祉のまちづくり」は60年代終盤から70年代初めにかけての仙台の取り組みがスタートと言われている(「付章第1」参照)。しかしそこでの活動は、障害のある人が段差等で困っているからその物理的な困難を取り除いてくれと訴え、社会から共感あるいは同情を得るというものであり、社会参加を権利として主張するという思想は弱かった。当時から東京等の障害のある人の間では権利を軸においた主張もあったがまだ一般的ではなかったし、社会がその考えを知る、あるいは理解するという状況ではなかった。

1973年に仙台で開かれた「車いす市民交流集会」における議論では、困難を訴えて社会からの共感あるいは同情を得るという方向性と、生存権をもとにした生活権を主張していくという方向性が交錯しているが、仙台の地元新聞では、後者に関する報道は見当たらなかった。障害のある人の間の葛藤は外部には伝わらず、地元記者の「社会から共感あるいは同情を得る」というフィルターを通した記事が書かれたものと思われる。

仙台での活動がなぜ「福祉のまちづくり」という名前を付けたのかは私の大きな関心事であるが、その経緯はよくわからない。ただ、この運動を主導した菅野鞠子が社会福祉分野の専門家であり、障害のある人に関連することを「福祉」だと呼ぶことは、特に抵抗のないことだったのではないかという感触を持っている。1973年の仙台での「車いす市民交流集会」の時点ではすでに「福祉のまちづくり」という言葉が使われていたが、その呼称が適切かどうかについての議論は行われなかったようであり、障害のある当事者間においても、この言葉が何となく自然に定着していったようである。

仙台と同時期に、京都市でもアクセシビリティの整備が始まっていた(「付章第2」参照)。仙台の活動が「西多賀ワークキャンパス」という授産施設にいた車いす使用者の草の根の声から始まったのに対して、京都の活動は行政が積極的に関与する形での取り組みであった。

仙台の大会の翌年、1974年に東京都町田市が「町田市の建築物等に関する福祉環境整備要綱」を制定し、「福祉環境整備」という言葉でアクセシビリティの整備を始めた（「付章第3」参照）。当時の町田市長で、この整備要綱の実現に強いリーダーシップを発揮した大下勝正は、そのあいさつ文に、「だれもが人間らしく！」という力強いタイトルを付け、基本理念として「(1) 人間の尊厳を守ること。(2) 人間の生活の場は、本来《家庭》および、《地域》であること。(3)…ハンディキャップを持つ人々を隔離せず《地域社会》でみてゆくこと。」と述べている（文3）。2014年にわが国が批准した「障害者権利条約」では「他の者との平等」が大きな軸となっているが、わが国でもその40年も前に同様の目標を掲げた人がいたのである。

ここで大下市長は、「福祉環境整備」のことを「福祉のまちづくり」と呼び、「肌のぬくもりを感じる心づかいを持つことが、この制度の前提」だとしている。本書の主題である「権利」と「福祉」の混在、そして「心」がごく自然に抵抗なく使われている。

建設省（当時）は1975年に「身体障害者の利用を考慮した設計資料」を作成し、官庁等の設計におけるアクセシビリティの具体的情報を示した。翌76年には京都市が「福祉のまちづくりのための建築物環境整備要綱」を作成。77年には「神戸市民の福祉を守る条例」（「付章第4」参照）、「福祉の都市環境づくり推進指針」（横浜市）が作られた。このように「福祉のまちづくり」は、70年代に先進的な自治体で動き始めている。

なぜハードのアクセシビリティが「福祉」を冠して呼ばれてきたのだろうか。そこには「障害のある人＝福祉の対象者」というステレオタイプ（固定観念）があり、それは今日でも変わっていないと思われる。町田の例でもわかるように「福祉のまちづくり」は建築や土木といった工学技術的な分野を含むものであるが、町田市であってもその担当は福祉部門であった。

ともかくこうして「福祉のまちづくり」という言葉は次第に定着し、国や自治体の縦割りの中でそれぞれの事業に落とし込まれていったが、その中で、

（文3） 町田市企画部秘書課広報係・福祉部福祉事務所編『「車いすで歩ける」まちづくり 福祉環境整備について』東京都町田市、1975年3月

担当者や技術者には目の前の技術的問題を解決することが喫緊の課題となり、「権利」「平等」「尊厳」といった理念は押しやられていった。

おそらく当時は、まちをアクセシブルにする意味についての理解を持っていたのはごく一部の限られた人たちで、実務の最前線で実際の設計や施工をする人たちには、それは寸法や材料の問題であり、その後ろに実際の利用者の存在があることへの認識が弱かったのではないかと思う。あるいは認識されていたとしても大下市長が考えていたような「尊厳を持つ人間」としてではなく、既存の環境には合わない特異なニーズを持つ人たちという認識だったのではないかと思う。したがって、アクセシビリティという考え方を導入するにしても、それを表す言葉について深く考えられることがなく、そこに「福祉のまちづくり」という呼称があったため、それが抵抗なく自然に広がっていったのではないかと私は推測している。

「福祉のまちづくり」の先駆けとなった仙台では、車いす使用者がとにかく段差やトイレに困っているんですと人々の感情に訴えかけることに注力してしまい、なぜ環境改善が必要なのかについて、あるいは背後にどのような問題があるかについて論理的に考えを深めるという姿勢ではなかったようだし、当事者もそれに頓着してこなかったのではないだろうか。そして新聞をはじめとするメディアもそういう感情的な報道をしていたようだ。

こうして「権利」や「尊厳」を後ろに置いたままの、ハードの「福祉のまちづくり」が広がっていったのであろう。

第5章
社会モデルと権利条約と国内法

5-1　社会モデルと障「害」

障害のある人の中には、自分を指す言葉に「害」というネガティブな感じがあるのが不快だという人がいて、行政やメディアでは「障がい」と表現するところが増えている。「害」がネガティブだというのであれば「障」だってネガティブだと思うが、そちらを指摘する人はあまりいないので、そのまま使われている。しかし、そもそも障害という呼称がネガティブな文字の組み合わせだから、それをひらがなにしたところで、本質的な議論ではないように、私は思う。それに少なくとも私の周りでは「障害」という文字が不快だという人はほとんどいない。個人的には、ごく少数の人が言い出したことを、減点を怖れる一部の行政やメディアが取り上げ、言葉狩り的な自主規制と横並び意識によって今の状況ができてきたのだろうと感じている。

私はあえて「害」を使う。単にへそ曲がりだからではない。

私はときどき発展途上国での仕事があるのだが、現地に行っても車いすで動ける環境になっていないところがほとんどなので、自由に散歩したりすることはほとんどできない。いろいろな国に行くたびに、もし私がこの地で生まれ育ち、車いす生活を送っていたとしたら、どのような日常を過ごしていただろうかと思う。逆に私がもし日本よりもアクセシブルな社会に生きていたら、それはどのような日常なのだろうか。そう考えると、たとえ身体的な状況が同じであっても、社会のありようによってできることも暮らし方も変わってくることがわかる。

障害とは何だろうか。歩けないことが障害だと考えるならば、それは私自身に要因がある。電車に乗れないとか学校に行けないことが障害だと考えるならば、それはそのような社会環境に要因がある。日本語ではどちらも「障害」だが、英語では前者を「Impairment」、後者を「Disability」と、別の言葉で表している。前者の障害は個人に対する治療やリハビリの分野であり「医学モデル」とか「個人モデル」とか呼ばれている。後者になると、社会環境のあり方になり「社会モデル」と呼ばれている。ここで言う社会環境とは、物理的な面だけではなく、社会制度や人々の障害に対する考え方や態度なども含んでいる。そう考えると、本書で扱っているアクセシビリティなどは後者に属する問題だということがわかる。「障害学（Disability Studies）」という学問分野では社会モデルの考え方をもとに、社会環境によって作り出されている障害についての研究がなされている。

以上から今日では、「障害」とは本人による要因（医学モデル）と社会による要因（社会モデル）が相互に影響し合って生じていると説明されている。

医学モデルの観点だと「害」は本人の中にあることになる。一方、社会モデルの観点からだと社会からの要因がさまざまな制約を生み、社会のありようがまさに「害」になっているということになる。すなわち「障害者」ではなく社会からの「害」を被っている「被障害者」であることが問題なのだ。

本書で私はもっぱら社会環境による「害」について論じている。したがって私は、意図的に「害」を使っているのである。

この社会モデルの考え方は、世界的に大きな変化を生み出している。障害を考えるときの視点を本人の状況から社会の問題へと大転換させたのだ。そしてこれが権利条約の基本的な考え方として置かれ、それを批准した世界中の国の国内法（もちろん日本も含まれているが）、に大きな影響を与えている。このダイナミックな変化の前では、「害」をやめて「がい」にしようなどということが枝葉の問題に見えてくる。

5-2　障害者権利条約

■ 5-2-1　合理的配慮＝「使える」という「実質」

2006年に国連は「Convention on the Rights of Persons with Disabilities」（障害のある人の権利に関する条約）（障害者権利条約。以下、権

利条約）を採択し（注1）、わが国は2014年にこれを批准した。

この条約は、第1条の「目的」で以下のように述べている（下線部は川内）。

> 権利条約　第1条
> 目的　この条約は、全ての障害者によるあらゆる人権及び基本的自由の完全かつ平等な享有を促進し、保護し、及び確保すること並びに障害者の固有の尊厳の尊重を促進することを目的とする。障害者には、長期的な身体的、精神的、知的又は感覚的な機能障害であって、様々な障壁との相互作用により他の者との平等を基礎として社会に完全かつ効果的に参加することを妨げ得るものを有する者を含む。

そして第2条の「定義」で以下のように述べている。

> 権利条約　第2条　定義
> （前略）
> 「障害に基づく差別」とは、障害に基づくあらゆる区別、排除又は制限であって、政治的、経済的、社会的、文化的、市民的その他のあらゆる分野において、他の者との平等を基礎として全ての人権及び基本的自由を認識し、享有し、又は行使することを害し、又は妨げる目的又は効果を有するものをいう。障害に基づく差別には、あらゆる形態の差別（合理的配慮の否定を含む。）を含む。
> 「合理的配慮」とは、障害者が他の者との平等を基礎として全ての人権及び基本的自由を享有し、又は行使することを確保するための必要かつ適当な変更及び調整であって、特定の場合において必要とされるものであり、かつ、均衡を失した又は過度の負担を課さないものをいう。（後略）

ここで、第1条の下線部分の前までが「医学モデル」による障害で、下線

（注1）　権利条約が国連で採択されるまでには、各国の代表もさることながら障害のある人に関わるNGOの積極的な参加が特筆される。彼らはアメリカの自立生活運動から生まれた“Nothing About Us Without Us”（私たち抜きで私たちのことを決めるな）を合言葉に、精力的に活動して条約を成立に導いていった。

部の「様々な障壁」が「社会モデル」の障害、下線部全体が両者の相互作用による「障害」について述べている。

権利条約では第1条で、この条約の基本は障害のある人の「人権」、「基本的自由」、「尊厳」であると述べている。そして第2条では障害に基づく「区別」、「排除」、「制限」、「合理的配慮の否定」といった「あらゆる形態の差別」が「障害に基づく差別」だとしている。

合理的配慮は日本社会ではまだなじみがなく、理解も広がっていないが、アメリカでは以前から導入されている考え方である。障害のある人が乗り物に乗ろうとしたりお店に入ろうとしたとき、何らかの障壁でそれが妨げられた場合、何とか工夫して目的を叶えられるようにしなければ差別だと言っているのである。ただし「均衡を失した又は過度の負担を課さないもの」とも述べていて、無理なことはしなくていいというブレーキが付いている。

例えば視覚障害のある人がどんな商品が並んでいるかわからないために決められないといった場合に、求めに応じて口頭で説明する、というのは合理的配慮である。また車いす使用者がエレベーターのない小さなお店の2階にある商品を求めた場合、2階まで担ぎ上げるのは負担が大きすぎるので、店員が2階からその商品を持って下りてきて店頭で見せる、といったことも合理的配慮である。他にも、聴覚に障害があって音声言語でコミュニケーションが取れない人と、求めに応じて筆談を行うといったこともある。

日本のアクセシビリティのガイドラインでは、こういった整備をしろというハードのレベルが示されている。しかし世界では、社会によってアクセシビリティの状況はさまざまなので、権利条約も建築物や公共交通のハードについてどのレベルまで整備をやれとは求めていない。権利条約が求めているのは、障害のある人が排除されないようにいろいろなやり方を工夫しなさいということで、それは段差だ幅だといった外形的なことではなく、他の人が買い物ができているのであれば障害のある人も同様に買い物ができるようにという、

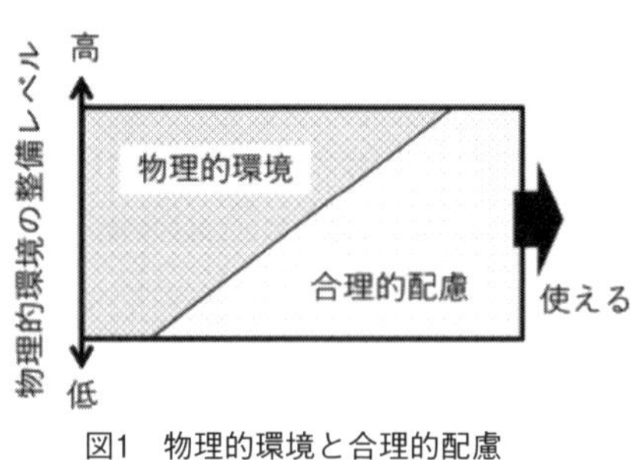

図1　物理的環境と合理的配慮

その環境を「使える」という「実質」を確保するための工夫なのである。

図1の縦軸はそれぞれの社会の物理的なアクセシビリティの整備レベルである。整備が不十分な社会では合理的配慮の必要性が高い。整備が進んだところでは合理的配慮の必要性は低くなるが、全くなくなるわけではない。そして、どの社会でも目指すのは「使える」という「実質」なのである。この図からひるがえってわが国のこれまでの歩みを考えると、確かに建築や公共交通といったハードの整備は頑張ってきた。しかし、「使える」という視点は不十分だった。それの結果は、整備が進んでもその割には障害のある人の満足度が高まっていないということに表れている。

整備しても、しても、障害のある人からの厳しい言葉が返って来る。障害のある人の要求は底なしだ、障害のある人はわがままだ、今まで抑圧されてきた反動で増長しているのだと、批判的な声も聞こえてくる。しかし、これまでのわが国の取り組みはハード整備が目的であり、「使える」という「実質」で考えるという本来あるべき取り組みではなかったのではないだろうか。そうであれば、厳しい言葉が出てくるのは当然だ。障害のある人にとって基準通りにできた素晴らしいハード整備であっても、そこで買い物をし、本を読み、友人と語らうといった具体的な利用がうまくいかなければ、嬉しくはないのだ。びっくりするほど美しかったり、斬新だったりする建物がときどきある。それは雑誌の表紙としてはいいのかもしれないが、そういった外見上の評価とは別に、建物には「使う」という目的もある。何らかの建物に起因する理由で目的が達成できなかったりしづらかったりすれば、ガッカリしたり不満を持ったりするのは当然である。これは障害のある人に限らず、すべての人に納得できる話であろう。

行政の仕組みもそれを後押ししてきた。縦割りの中でハード整備の部署はハードを作り続け、しかしそれがどう使われているかについての関心は低かった。「使えない」という声が聞こえてきたとしても、「うちはハード整備が仕事ですから」とか「おかしいなあ、基準に合わせているんですがね」と言い訳してきた。そう考えると権利条約が求めているのは、これまでの環境整備のあり方への反省だとわかってくる。もちろん鉄やコンクリートも重要だが、それは主たる目的ではない。権利条約を批准したということは、「使

写真1　合理的配慮

える」という「実質」を確保していくことを了解したということなのだ。

ある夜、皆で居酒屋を探していた。あいにくこの夜はどこも満員で、最後にたどり着いたのがこの店。店内は満員。おまけに入り口には3段の階段。ところが店員は拒否するでもなく、「外でいいですか」と言う。店の外にテーブルなどない。全く期待できなかったが、私たちは疲れていた。店探しはもうこりごりという気持ちだった。すると店員はビール箱を外に並べて即席のテーブルを作り、いすを並べた（写真1）。その手際のいいこと。彼らがやり慣れていることはすぐにわかった。車いすで使うにはテーブルが低すぎる。アプローチするときにひざ下が入る空間もない。アクセシビリティ的には全くアウトだったが、私たちの目的はみんなで飲食することだったから、そこで楽しい時間を過ごすことができた。もちろん物理的環境がきちんと整備されている方がもっとテーブルに手を伸ばしやすかっただろうし、動きやすかっただろう。しかしそこで諦めて帰るか不便を承知で受け入れるか、私たちは後者を選んだ。これが気の置けない仲間たちのグループだったということも影響していただろう。双方が納得していれば、これでもOKなのだ。

■ 5-2-2　ハード整備は平等への道具

「建物の入り口に階段だけがあって車いす使用者が入れないとしたら、それは差別だ」。これは1990年にアメリカでADAが制定された頃に、アメリカの知人から何回も聞かされた話である。しかしこの30年も前の話が、権利条約を批准し、2016年に障害者差別解消法を施行している現代の日本では理解されない。

私は講演をする機会が結構あるが、入り口に階段のある店舗の写真を見せて聴衆に差別かどうかを聞くと、多くの人は差別ではないと答える。困ったり迷ったりした顔をしている人が多いから、そんなことを訊かれてもなあと、当惑している様子が見て取れる。中には強い口調で「差別というのは言い過ぎだ」という意見もある。どうも2020年の日本では、1990年のアメリカの差別に対する考え方とは異なる理解が一般的のようだ。

権利条約をもとにして作られた差別解消法によれば差別の類型は二つ、「差別的取り扱い」と「合理的配慮の不提供」である。なぜ合理的配慮が提供されないと差別になるのだろうか。

権利条約ではハードの整備レベルは定めていないと先述した。どんなハードであれ、先進国であれ、途上国であれ、合理的配慮を提供することで、その建物や施設を、あるいはその建物や施設で提供されていることを「使える」ようにすることが権利条約の目標である。

入り口に階段という障壁がある建物で車いす使用者が入れない場合に、過度の負担のない範囲で合理的配慮が提供されないと差別である。これは権利条約ではっきり言っている。すなわち、合理的配慮を提供しないという行為が差別だということだ。

なぜ合理的配慮を提供しないと差別なのか。それは、（合理的配慮のない状態での）階段しかないという環境がそもそも差別だからだ。差別状態だからそれを是正するために合理的配慮を提供すべきだと言っているのだ。だから合理的配慮の不提供は、その行為そのものも差別だが、それが提供されない状況下での階段という環境も差別なのである。そうでなければ、わざわざ合理的配慮の提供を求める理由がない。

合理的配慮の不提供を差別だとするのは日本の国内法である差別解消法でも同じである。ということは差別解消法においても、合理的配慮の不提供は、その行為そのものも、提供されない状態の環境も差別であるということになる。すなわちアクセシブルでない建物や乗り物は、それだけで差別だということである。「それは言い過ぎだ」と思う人がいても自由だが、権利条約からはそこまで読み取れるし、それをわが国は批准し、それをもとに差別解消法が制定されているのだ。

お店で買い物をする。日常生活にありふれたごく普通の行為に対して、障害のある人は拒否されることがある。安全が保障できないと言われたり、他の客の迷惑になると言われたり、その理由はさまざまである。権利条約では「他の者との平等」という言葉によって、差別かどうかを規定している。では「他の者との平等」とはどういったものなのであろうか。

多くの店では、店側が客を選ぶようなことはしない。万引き等でもしない限り、商品の中から欲しいものを選んで代金を払うという普通の買い物をする客を拒否するようなことは、通常はあり得ない。しかし障害のある人にはそれがひんぱんに起こるのである。もちろん障害のある人に対して、来ないで下さいと直接言うことがしょっちゅう起こっているわけではない。しかし、入り口に段差があったり、通路が狭かったり、係員がきちんと対応しなかったりで、行く気を無くさせてしまう店はそこらじゅうにある。

権利条約の視点は、そのような拒否が起こる社会的な環境を変えるところにある。障害のある人の買い物には、視覚障害のある人であれば並んでいる商品の説明が必要であったり、聴覚障害のある人であれば代金の請求に音声以外の方法が必要であったり、車いす使用者であれば手の届かないところのものを取ったり、通路にはみ出しているものを整理したりと、大多数の客からは求められないような「手間」が必要である。権利条約はそれを「合理的配慮」という言葉によって求めているのである。

この、障害のある人が他の客と同じように買い物ができるようにすることを、「やさしさ」や「思いやり」の視点で考えると、権利条約の考え方を見誤ることになる。「やさしさ」や「思いやり」は店側の心情であり、一方で権利としての「他の者との平等」な買い物とは、店側の心情とは関係のない、店側がどう思っていようが実現されるべきものなのである。

権利条約は障害のある人の人権、基本的自由、尊厳に関する条約であり、「他の者との平等」に反する、障害に基づくあらゆる区別、排除、制限、合理的配慮の否定は「差別」だと述べている。

この権利条約の視点からすれば、建築物や公共交通がアクセシブルでないために排除されるという事態は「差別」である。わが国ではアクセシビリティは物理的なことだと考えられているが、権利条約の視点によれば、物理的環境の整備（＝アクセシビリティ）は障害のある人に対する差別をなくし平等を実現するために必要な道具なのである。

したがって、アクセシブルな環境はそれが整備されることが目的なのではなく、整備された環境を他の人と平等に「使える」ことが重要なのである。

写真2　参加？

ある大学の大教室で開かれた会議に参加したとき（写真2）、教室の一番後ろに車いすマークが付いていすの外された席があったので私はそこに着いた。一応アクセシブルである。しかし会議ははるか前方で開かれて淡々と進行した。私は一応は参加したということだろう。これは「平等」と言えるのであろうか。

■5-2-3　権利条約第９条

権利条約第9条には、わが国のバリアフリー法と深く関連した事項が規定されている。

> 第9条　施設及びサービス等の利用の容易さ
>
> 1　締約国は、障害者が自立して生活し、及び生活のあらゆる側面に完全に参加することを可能にすることを目的として、障害者が、他の者との平等を基礎として、都市及び農村の双方において、物理的環境、輸送機関、情報通信（情報通信機器及び情報通信システムを含む。）並びに公衆に開放され、又は提供される他の施設及びサービスを利用する機会を有することを確保するための適当な措置をとる。この措置は、施設及びサービス等の利用の容易さに対する妨げ及び障壁を特定し、及び撤廃することを含むものとし、特に次の事項について適用する。
>
> (a) 建物、道路、輸送機関その他の屋内及び屋外の施設（学校、住居、医療施設及び職場を含む。）
>
> (b) 情報、通信その他のサービス（電子サービス及び緊急事態に係るサービスを含む。）（後略）

ここでは締約国が取るべき措置として、「障害者が自立して生活し、及び生活のあらゆる側面に完全に参加することを可能にすること」を求めており、それは「他の者との平等」が基礎だとしている。そして「都市及び農村の双方において」と述べているから、地域によって「他の者との平等」に違いが生じてはならないとしている。そして特に行わなければならない対象として(a)建物、道路、輸送機関その他の屋内及び屋外の施設（学校、住居、医療施設及び職場を含む。）と（b）情報、通信その他のサービス（電子サービス及び緊急事態に係るサービスを含む。）の2項目を挙げている。

ここで特に（a）ではわざわざカッコを設けて、（学校、住居、医療施設及び職場を含む。）としている点に注目したい。このカッコ内にある「学校、住居、医療施設及び職場」は障害のある人の社会参加にとって欠かせないものであるから特に列挙してあるのだと理解すべきであろう。

5-3　障害者基本法

条約は国際的な約束であり国内法よりも上位にあるが、国内法がないことには条約で言っていることを実現できない。権利条約では、ほとんどの国が条約を批准したあとで国内法を整備するのに対し、わが国では国内法を先に整備して、それが権利条約の精神から見て妥当なものかを確認してから批准するという手順がとられた。そこで権利条約の考え方を反映すべく、批准前に以下のような国内法の整備が行われた。

- ・2011年　「障害者基本法」の改正
- ・2012年　「障害者の日常生活及び社会生活を総合的に支援するための法律」（障害者総合支援法）の旧、障害者自立支援法からの改正
- ・2013年　「障害を理由とする差別の解消の推進に関する法律」（障害者差別解消法。以下、差別解消法）の制定（新法）
- ・2013年　「障害者の雇用の促進等に関する法律」の改正

以上のような整備が矢継ぎ早に行われ、2014年に念願の障害者権利条約が批准されたのであった。

わが国では、ハートビル法、交通バリアフリー法、バリアフリー法とアクセシビリティに関する法律が着実に整備されてきているが、それらは物的環

境のあり方についての規定であり、その物的環境を高齢の人や障害のある人等が実際に利用しようとしたときに、障害を理由にして拒否してはならないとか、利用を保障しなければならないといったことは述べていない。すなわち、物理的な環境整備について述べてはいるが、そこで実際に利用できるかどうかについて、利用の実質を担保しているわけではないのである（注 2）。そのため、アクセシビリティが整備された環境で利用を拒否されるという事例がしばしば起こっており、それゆえに権利条約の批准やそれを反映した国内法の整備が待望されていたのである。

「障害者基本法」は 1970 年からある法律で、2004 年の改正で「何人も、障害者に対して、障害を理由として、差別することその他の権利利益を侵害する行為をしてはならない」と、差別を禁止する規定が加えられた。

2011 年の改正では、従来の規定が「障害者」について、「障害…があるため、継続的に日常生活又は社会生活に相当な制限を受ける者」という医学モデルの規定だったのに対し、「障害…がある者であつて、障害及び社会的障壁により継続的に日常生活又は社会生活に相当な制限を受ける状態にあるもの」と、「社会的障壁」という言葉を加えて、権利条約にある社会モデルの考え方を反映している。なおこの「社会的障壁」とは、「社会における事物、制度、慣行、観念その他一切のものをいう」としており、建築物のような物的環境だけではないことに注目したい。

また、「社会的障壁の除去は、それを必要としている障害者が現に存し、かつ、その実施に伴う負担が過重でないときは、…必要かつ合理的な配慮がされなければならない」と合理的配慮についての記述も加えられ、これらが差別解消法につながっていった。

5-4 障害者差別解消法

差別解消法は上記の改正障害者基本法の考えを引き継ぎ、国等の行政機関

（注 2） 2020 年に改正されたバリアフリー法では、公共交通機関において整備された旅客施設及び車両等を使用した役務の提供の方法に関する基準（ソフト基準）への遵守義務が創設された。（「付 5-10-2」参照）

や事業者がどのようにすればいいかを定めている。同法では権利条約と同様に差別的取り扱いの禁止と合理的配慮の提供について述べているが、事業者

表1　差別の禁止

	差別的取扱いの禁止	合理的配慮の提供
行政機関等（第7条）	義務	義務
事業者（第8条）	義務	努力義務

については合理的配慮の提供は努力義務とされている（表1）。行政だろうと民間だろうと差別は差別であり、権利条約ではこのような扱いの違いはない。合理的配慮には「負担が過重でないとき」（＝無理にならない範囲で、という意味である）という緩和規定がすでに組み込まれているのだから、さらに努力義務にするという二重の緩和が行われたのは理解しがたい。東京都などは条例（注3）を作って、事業者についても合理的配慮の提供を義務としたが、都のほうが権利条約を正しく取り込んでいると言える。

事業者は努力義務であることに対して、差別解消法の成立当初から批判が大きかったが、義務化が検討されているという（文1）。努力義務は差別しても仕方ないと法律で言っているわけで、また、行政機関等と事業者で差別に対する扱いを変えることも不可解であるため、この改正は妥当である。

差別解消法に言う「差別的取り扱いの禁止」や「合理的配慮の提供」は、わが国の物的なアクセシビリティ整備では、これまで十分に検討されてきていない事項である。物的環境は利用されるために整備されるのであるから、その基本を再確認すべきであることは間違いないと言える。

権利条約の批准や差別解消法については、まだその考え方が社会に浸透しているとは言い難い。「差別」という言葉だけで嫌悪感や拒否感を持つ人も多い。しかしハード整備だけでは解決できない問題がたくさんあるということは、もっと広く知っていただきたいものである。

（注3）「東京都障害者への理解促進及び差別解消の推進に関する条例」

（文1）「障害者配慮、民間も義務化へ…スロープ設置や手話対応」読売新聞オンライン、2020年12月26日
https://www.yomiuri.co.jp/national/20201226-OYT1T50158/

第6章

IPCガイドラインと2020行動計画

6-1　IPCアクセシビリティ・ガイドライン

■6-1-1　IPCガイドとTokyoガイドの理念的なズレ

2020年に東京でオリンピック・パラリンピックが開催されることが決まり、新国立競技場をはじめとした競技施設の設計が始まる時点で、IPCアクセシビリティ・ガイドライン（以下、IPCガイド）（文1）に注目が集まった。IPCとはInternational Paralympic Committee（国際パラリンピック委員会）の略で、開催都市はこのアクセシビリティ・ガイドラインに従うことになる。一方で日本にはすでにバリアフリー法のガイドラインがあり、また東京都は都条例に基づいたガイドラインを持っている。そこでこれらを比較検討して一つにまとめた「Tokyo 2020 アクセシビリティ・ガイドライン」（以下、Tokyoガイド）（文2）が作られ、2017年3月にIPCの承認を受けて東京大会での設計ガイドラインとなった。

IPCガイドでは「人権としてのアクセス」の項で「アクセスは基本的人権であり、社会的公正の基本である。社会的公正とは、人々を個人として受け入れ、社会生活に完全に参加するための公平で平等な機会へのアクセスを保障することである」、「真にアクセシブルな環境とは、人々が何の束縛も受けることなく自立を実現でき、統合を阻害する要因が取り除かれたところであ

（文1）　International Paralympic Committee「IPCアクセシビリティ・ガイドライン」2013年6月。https://www.jsad.or.jp/paralympic/what/pdf/ipc_accessibility_guide_ja2.pdf

（文2）　公益財団法人 東京オリンピック・パラリンピック競技大会組織委員会「Tokyo 2020 アクセシビリティ・ガイドライン」2017年3月 https://gtimg.tokyo2020.org/image/upload/production/u5n3gbxl3bbg1fv6uskk.pdf

る」と述べている。

「アクセスは基本的人権」「公平で平等な機会へのアクセス」と述べているところからもわかるように、IPCガイドの考え方は権利条約と同一で、アクセスの根元に人権があるということである。

一方、Tokyoガイドでは、「すべての人々が相互に人格と個性を尊重し合う共生社会の実現に貢献することを目指す」(下線、川内)としている。

意図的かどうか、「人権」という言葉がないことに注目したい。

障害者基本法　第一条(目的)
この法律は、全ての国民が、障害の有無にかかわらず、等しく基本的人権を享有するかけがえのない個人として尊重されるものであるとの理念にのつとり、全ての国民が、障害の有無によつて分け隔てられることなく、相互に人格と個性を尊重し合いながら共生する社会を実現するため、障害者の自立及び社会参加の支援等のための施策に関し、基本原則を定め、及び国、地方公共団体等の責務を明らかにするとともに、障害者の自立及び社会参加の支援等のための施策の基本となる事項を定めること等により、障害者の自立及び社会参加の支援等のための施策を総合的かつ計画的に推進することを目的とする。(下線、川内)

Tokyoガイドの下線部は障害者基本法第1条の下線部とほぼ同じだが、同条にはその前に「等しく基本的人権を享有するかけがえのない個人として尊重される」とも書いてある。また6-2で詳述する「2020行動計画」では共生社会について「すべての人がお互いの人権や尊厳を大切にし支え合い」と書いてある。これらを比較するとTokyoガイドはIPCガイドの人権に関する明確な記述から大きく後退しているばかりか、国内での障害者基本法や2020行動計画の人権についての理念からも距離を置いて、設計に必要な技術的情報に焦点を当てたものだと言える。

■6-1-2　IPCガイドの技術的内容

このような理念を骨格にして、IPCガイドではさまざまな技術的規定が定められている。このIPCガイドは国際パラリンピック委員会が作ったものだから、もちろん競技施設について詳しく書いてあるが、それと同時に2020オリ・パラを開催する社会全体としてのアクセシビリティについても言及している。

IPCガイドの内容はある意味で衝撃であった。わが国のバリアフリー法には観客席の中をアクセシブルにするという規定がなかったのだ。バリアフリー法のガイドラインである建築設計標準では、2015年7月に急きょIPCガイドを反映したが（文3）、本体の改正ではなく「追補版」という形であることからも当時の慌ただしさがうかがえる。追補版は現在では建築設計標準の本体に取り込まれているが、実は今でも法律には反映されていないため、これに従うかどうかは建築主の任意である。

既に書いたように、IPCガイドでは「アクセスは基本的人権であり、社会的公正の基本的な柱の一つである」と述べている。ここで言う「社会的公正」とは権利条約で言うところの「他の者との平等」と同じものだと私は考えている。ここではその社会的公正を実現するために、IPCガイドにおける競技施設の車いす対応は何を言っているかを書く。

競技場に行くほとんどの人の目的は、そこで行われるスポーツをはじめとするさまざまなイベントを楽しむことである。その場合に最も重要となる客席に関して、IPCガイドにおける席の種類、席の数、席の選択肢、サイトライン（可視線）について以下に述べる。

（1）席の種類

IPCガイドに述べてある歩行困難者に関連する席は、以下の3種類である。

①車いす席

②同伴者席（コンパニオンシート）

③付加アメニティ席（Enhanced Amenity Seat）

②は、介助者（アシスタント or アテンダント）ではなく、同伴者（コン

（文3）「高齢者、障害者等の円滑な移動等に配慮した建築設計標準（劇場、競技場等の客席・観覧席を有する施設に関する追補版）」2015年7月
https://www.mlit.go.jp/common/001097179.pdf

パニオン）としている点に注目する必要がある。日本では車いす使用者に同行する人は介助者（あるいは介護者）（注1）と呼ばれ、交通機関などでは付き添いといわれることも多い。しかしこれは、障害のある人を最初からサポートなりケアなりを受ける人と見なしている言葉である。確かに誰かの支援を受ける必要がある場合があるが、競技場に行くのはそこでの楽しみを期待しているからであり、そこには一緒に楽しみを分かち合える人と行きたいと考えるのが一般的であろう。したがって、その場合は同伴者という呼び名がふさわしい。このようにわが国の考え方とIPCガイドでは、一つひとつの言葉遣いから思想の違いが顕著なのである。なお、アメリカやイギリスでも、競技場の席に関するガイドラインの規定における呼称は同伴者（コンパニオン）となっている。

障害のある人を介助の対象としてではなく、イベントを楽しむ人だととらえた場合、同伴者は障害のある人と楽しみを共有する存在ということになるから、車いす使用者席と同伴者席は横に並べることが求められている。素晴らしいシーンを体験したとき、隣り合った同伴者と目を合わせ、ときにはハイタッチをして感動を共有できるような席配置が必要なのだ。ただ、車いす使用者1名に対して家族や友人が何人も一緒に来たり、車いす使用者だけで複数が来るということもありうる。こうしたさまざまな組み合わせに対応できるように、IPCガイドでは同伴者席について、床に固定せずに簡単に移動できるものを推奨している。アメリカやイギリスで私はいくつかの競技場を訪れたが、どこでも同伴者席は当然のこととして設けられており、そこには移動が容易なパイプいすが置かれていたり（写真1）、床に線だけ引いたものや、その線も無く全くオープンにしているところもあった。一方で、イギリスのサッカー等では観客が興奮してパイプいすが凶器に変わる危険性があるため、同伴者席を固定している競技場もあった。その場合は、オープンの車いす席を2席並べ、次に固定の同伴者席を2席並べるというパターンの繰り

（注1）　自己決定をして主体的に生きている障害のある人にとっては、「介護者」では自己の主体性が伝わらないということから、自分の決定をサポートしてくれるという意味で「介助者」がふさわしいと考えられる。

返しが多かった。

③の付加アメニティ席とは、車いすは使っていないが杖を使っていたり、ひざが曲がりにくいといった理由で普通の席だと座りにくい人たちに、少し広めのスペースを取った席である。

写真１　車いす席と同伴者席

(2) 席の数

IPCガイドでは、歩行困難者に関連する席の数を定めている。

・車いす席は、オリンピック・パラリンピック大会以外のスポーツイベントでは、総座席数の0.5%以上。
・オリンピック大会では総座席数の0.75%以上。
・パラリンピック大会では総座席数の1.0%から、特に車いす使用者が多いと考えられる車いす競技では1.2%以上。
・同伴者席は車いす席と同数の0.5～1.2%を、車いす席の後方ではなく横に設ける。
・付加アメニティ席は、車いす席と同伴者席に加えて、総座席数の1.0%以上。

もともとわが国では観客席のアクセシビリティは想定外だったから、今までなかったところにこれだけの席を求める規定をクリアするのは、特に既存施設の改修においては大変な困難だった。2020オリ・パラでは新国立競技場をはじめとして多くのスポーツ施設が整備されたが、これらでは何とかクリアしている。ただ、車いす席を1席確保するためには、そこに一般席を5～10席くらい置けるだけのスペースが取られることから、興行的には大会が終わればこれらの席をできるだけ減らしたいという圧力がある。そのため大会中はオリ・パラ仕様で整備するが、大会後のいわゆるレガシー時には、総座席数の0.5%まで車いす席を減らすことが考えられている。

(3) 席の選択肢

IPCガイドでは車いす席の配置について、以下のように述べている。

「アクセシブルな席は、競技場の様々な販売価格、観覧方向、エリアに提供しなければならない。他の観客と同様に、様々なエリアから席が選べるようにすべきである」。

このように、席を分散して車いすを使う観客が好きな席を選べるようにするというのは特に珍しいものではなく、例えばADAによる基準では、「車いす席は水平的・垂直的に分散していること」とされている。これまでわが国の競技場では、たとえ車いす席があったとしても特定の場所に集中して設けられている場合が多く、席の選択は極めて限られていることが多かった。たとえば野球では、1塁側、3塁側、内野席、外野席と、客は自分の好みの席を選ぶことができるのが普通だ。「他の者との平等」を考えると、車いす使用者も席が選択できなければおかしいということになる。

写真2　前の人の背中だけ

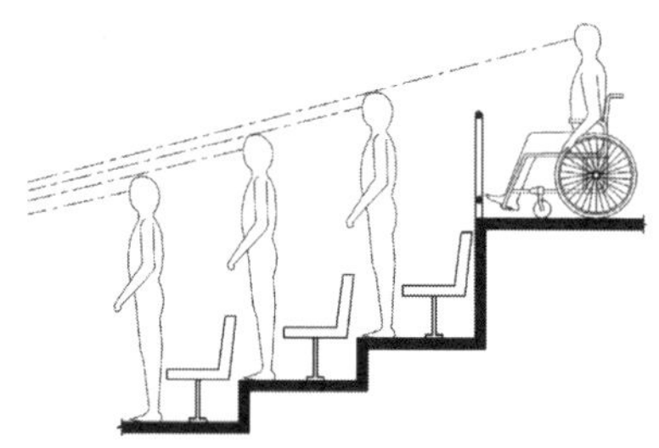

図1　サイトラインの図

(4) サイトライン（可視線）

野球で決勝ホームランが出たときとか、サッカーでゴールが決まったとき、観客は興奮して立ち上がる。しかし車いす使用者は立ち上がれないから、ゲームの一番盛り上がった瞬間は前の人の背中しか見えない（写真2）。周りがいくら盛り上がっていても、自分だけ谷底のようなところに置かれたのでは、全く楽しめない。これでは平等だとは言えないので、IPCガイドではサイトライン（可視線）の確保が求められている。これはアメリカやイギリスの基準でも同様で、図1はADAの設計基準（文4）にあるサイトラインの解

（文4） *ADA Standards for Accessible Design,* US Department of Justice, September 15, 2010

説図である。

写真3　サイトラインの確保

人権や平等を考えると、設計や運用に影響を与える。写真3はアメリカの野球場だが、サイトライン確保のために車いす席がかさ上げされている。

写真1（65ページ）はパイプいすによる同伴者席の例として示したのだが、実はこの席はサイトラインが確保されていない。そのため車いす席より前の列にはシートが掛けられ、席として使えないようになっている。興業としては客をできるだけ多く詰め込んだほうが好ましいから、この席が使えないのは痛いであろうが、アクセシビリティは人権や尊厳の問題だという理解が深い社会では、こうしてきちんとアクセシビリティを確保しているのだ。

6-2　2020行動計画

2017年2月に開かれた「ユニバーサルデザイン2020関係閣僚会議」において「ユニバーサルデザイン2020行動計画」（文5）（以下、2020行動計画）が決定された。これはパラリンピックを契機として、これからの社会づくりをどう進めていくかについて示したもので、「Ⅰ．基本的考え方」には以下のように述べてある（下線、川内）。

（文5）「ユニバーサルデザイン 2020 行動計画」
https://www.kantei.go.jp/jp/singi/tokyo2020_suishin_honbu/ud2020kkkaigi/pdf/2020_keikaku.pdf

１．我々の目指す共生社会（パラリンピックを契機として）

我々は、障害の有無にかかわらず、女性も男性も、高齢者も若者も、すべての人がお互いの人権や尊厳を大切にし支え合い、誰もが生き生きとした人生を享受することのできる共生社会を実現することを目指している。この共生社会は、様々な状況や状態の人々がすべて分け隔てなく包摂され、障害のある人もない人も、支え手側と受け手側に分かれることなく共に支え合い、多様な個人の能力が発揮されている活力ある社会である。(後略)

２．ユニバーサルデザイン 2020 行動計画

過去において、障害のある人が受けてきた差別、虐待、隔離、暴力、特別視は共生社会においてはあってはならないものである。また、障害のある人はかわいそうであり、一方的に助けられるべき存在といったステレオタイプの理解も誤りである。障害のある人もない人も基本的人権を享有し、スポーツ活動や文化活動を含め社会生活を営む存在である。障害の有無にかかわらず、すべての人が助け合い、共に生きていく社会を実現するということは、人々の生活や心において「障害者」という区切りがなくなることを意味する。

ここでは、共生社会を目指すとの大きな目標を掲げ、その共生社会とは「すべての人がお互いの人権や尊厳を大切にし支え合」う社会だと定義付けている。そしてその共生社会を実現する大きな二つの柱として、国民の意識やそれに基づくコミュニケーション等個人の行動に向けて働きかける取り組み（「心のバリアフリー」分野）と、ユニバーサルデザインの街づくりを推進する取り組み（街づくり分野）を挙げており、それらについて検討したのが 2020 行動計画だとしている。

■ 6-2-1 「心のバリアフリー」分野

「心のバリアフリー」について 2020 行動計画では「様々な心身の特性や考え方を持つすべての人々が、相互に理解を深めようとコミュニケーションをとり、支え合うことである」と述べ、「心のバリアフリー」を体現するため

のポイントは以下の3点であるとしている。
①障害のある人への社会的障壁を取り除くのは社会の責務であるという「障害の社会モデル」を理解すること。
②障害のある人（及びその家族）への差別（不当な差別的取扱い及び合理的配慮の不提供）を行わないよう徹底すること。
③自分とは異なる条件を持つ多様な他者とコミュニケーションを取る力を養い、すべての人が抱える困難や痛みを想像し共感する力を培うこと。

先述したように2020行動計画では「すべての人がお互いの人権や尊厳を大切にし支え合」う共生社会を目指すとしているが、私としては「人権」「尊厳」の共生社会と「心」「やさしさ」「思いやり」を想起させる「心のバリアフリー」がつながっていることに大いに違和感がある。「心のバリアフリー」が「コミュニケーションをとり、支え合う」と大きくまとめてある以上、そのコミュニケーションとは「人権」や「尊厳」といった裏打ちが必要であろう。しかしながら「心のバリアフリー」と「人権」や「尊厳」の関係について特に取り上げて説明された部分はない。

「心のバリアフリー」が強調される背景には、その理由があるはずである。それは平成7年版『障害者白書』で「意識上の障壁」と呼んでいる無知、無関心による偏見と差別、憐れみ、同情の障害者観であり、また「人権」や「尊厳」である。こういったことに対する人々の考え方を変えていくことこそ、まさに「心のバリアフリー」が求められる理由のはずだが、そういった基本的な背景の説明がない中で上記①～③に分類分けし、さらに具体的な話に細分化されていくと、理念的な色合いはどんどん薄まっていく。もともと障害のある人を「人権」や「尊厳」の主体として見るという感覚が薄い日本社会では、それをことあるごとに意識させる具体策を示さないと、理念的な背景は忘れ去られて結局はハウツー的な手法の話になっていくであろう。

■6-2-2　ユニバーサル・デザインと「街づくり」分野

2020行動計画では「共生社会の実現に向けては、社会的障壁を取り除いていかなければならない」として、特に「障害のある人が自分自身で自由に移動し、スポーツを楽しむ等の活動を妨げている物理的障壁や情報にかかわる障壁を取り除いていくことがまず求められる」と述べている。そして「高齢者、障害者等の移動等の円滑化の促進に関する法律（バリアフリー法）のもと、交通施設、建築物等の種類毎に目標を定め、…整備が進んできた。東京大会は、こうした取組に加え、世界に誇ることのできるユニバーサルデザインの街づくりを目指して、更なる取組を行う好機である」としている。

これを読むと、次章でバリアフリー法について私が指摘している数々の問題点は全く眼中にないようである。権利を認めない国交省が所管し、障害のある人が住み、学び、働く環境のアクセシビリティを義務化していないバリアフリー法で、ユニバーサル・デザイン（注2）のまちづくりが本当にできるのだろうか。

ユニバーサル・デザインはアメリカで生まれた。その考え方の背景には権利、平等、尊厳といった、アメリカの障害のある人の運動が主張し続けてきている考え方がある。それのないユニバーサル・デザインはあり得ないはずである。

(注2)　ユニバーサル・デザインは、そういった特定の様式や共通の解決方法があるわけではなく、ユーザーのニーズを大切にした、地域や状況に応じた誰にも使いやすい、形容詞としてのユニバーサルが付いたデザインを指す、と私は思っている。したがって私はユニバーサルとデザインの間に「・」を入れている。(詳しくは拙著『ユニバーサル・デザインの仕組みをつくる』学芸出版社、2007年8月を参照)

第７章
バリアフリー法

わが国のアクセシビリティ整備は地方自治体から始まった。国は1994年に建築物のアクセシビリティに関するハートビル法（高齢者、身体障害者等が円滑に利用できる特定建築物の建築の促進に関する法律）を制定。2000年には公共交通のアクセシビリティに関する交通バリアフリー法（高齢者、身体障害者等の公共交通機関を利用した移動の円滑化の促進に関する法律）を制定。そして2006年にはこの両者を合体したバリアフリー法（高齢者、障害者等の移動等の円滑化の促進に関する法律）を制定した。

バリアフリー法は「旅客施設および車両等」「道路」「路外駐車場」「都市公園」「建築物」といった広い範囲をカバーしているが、ここではその基幹である「旅客施設および車両等」と「建築物」について述べる。

7-1　建築物に対する規定

■7-1-1　対象範囲についての問題点

建築物のアクセシビリティに関する最初の法律であるハートビル法は、建築主に努力義務を求めたものだったので社会的影響力の弱い法律だった。

同法は2002年に改正され、2,000㎡以上の建築物は整備が義務化された。一方で、2,000㎡未満の建築物に対しては相変わらず努力義務のままなので、診療所、理美容店、商店など、生活に密着した小さなお店等のアクセシビリティ整備は、新築であってもなかなか進んでいない（注 1）。2,000 ㎡というのは結構大きな建物で、大まかに言えば、割と大きめのコンビニ 10 軒分、割と大きめのファミリー向けマンション 20 室分の大きさであるから、それより小さな建物は努力義務（したがって整備は大して期待できない）にとどまっている。ということは、大きな建物の集まっている都市部を中心に限定的にしかアクセシビリティ整備が進まないことを表している。

義務規定であれば、建築主や関係者は内心でどう思おうとそれに従うことを求められるが、努力義務規定は、アクセシビリティ整備をやるかどうかの判断が建築主や関係者に委ねられることになるから、彼らがこの問題をどう考えているかをリトマス試験紙のように浮かび上がらせることになる。1994 年のハートビル法は努力義務規定であったために、ほとんど整備が進まなかった。すなわち、その時代の建築主や関係者はアクセシビリティの問題を重要視していなかったということが、如実に示されたのである。

2002 年に 2,000 ㎡以上に対する義務化が導入されたので、該当する建築物についてはいかに建築主や関係者が不満を持とうが、整備しなければならなくなった。つまり彼らの考え方は義務という規定のもとに覆い隠されてしまったのである。しかし、2,000 ㎡未満の建築物は相変わらず努力義務であるから、ここには依然として彼らの意思が現れてくる。その意思とは、建築主や関係者はアクセシビリティを依然として軽視しているということである。このことは、ハートビル法ができた 1994 年から長い時間が経っても、この問題に対する社会の理解が進んでいないということを示している。

建築主等のこうした態度には二つの要因が考えられる。一つは、面倒だ、余分なことだというアクセシビリティ整備に対しての否定的な感覚。もう一

（注 1） 国土交通省の調査（文 1）によれば、2018 年 11 月 1 日から 2019 年 1 月 31 日までの間に全国で確認済証を交付した 2,000 ㎡未満の小規模店舗等 2,992 件のうち、バリアフリー法の移動等円滑化経路に関する基準に適合していたのは 576 件（19%）に過ぎなかった。

（文 1）「2,000 ㎡未満の店舗・飲食店等のバリアフリー化の実態把握に関する調査結果」国土交通省、2019 年 8 月 9 日
https://www.mlit.go.jp/common/001304176.pdf

つは、法で求められていることは守るがそれ以上も以下もやらないという、そもそもの法に対する姿勢である。努力義務という規定が軽視を生んでいるのも確かだろう。その結果として努力義務規定にとどまっている建築物のアクセシビリティ整備は現在も進んでいない。

2,000 ㎡以上でも特別特定建築物の分類に含まれていない、共同住宅、学校（注 2）、事務所（注 3）、工場、保育所、自動車教習所または学習塾等については、そもそも義務ではないので、生活の基盤である「住む」「学ぶ」「働く」場のアクセシビリティについてきちんとカバーされていない。バリアフリー法は、障害のある人が職業を選ぶ権利も幸福を追求する権利も制限し、社会生活を送るための基盤を約束していないのである。

バリアフリー法では 2,000 ㎡以上の特別支援学校と公立小中学校はアクセシビリティ整備が義務化されているが、私立の小中学校と国公私立の高校、大学は努力義務のままである（注 4）。障害のある児童・生徒が一般校で学ぶことを希望しても、アクセシブルな学校の選択肢は限定されているし、高校、大学といった高等教育を受けたいとなると、バリアフリー法としては選択肢そのものがないことになる。つまり障害のある生徒が他の生徒と同様に学校を選ぶ権利を保障してはいないということである。そもそも通学するための公共交通機関は使えるかとか、親元を離れて住めるアパートや寄宿舎にアクセシブルなものはあるかとか、他の学生よりも考えなければならない要素が多いのだが、学校そのもののアクセシビリティにも悩まなければならないとしたら、まさに法がバリアを作り出しているということになる。

保育所は努力義務であるから整備される保証はないため、この問題は就学前から始まっているという徹底ぶりである。加えて、自動車教習所や学習塾といった、ステップアップのために自分の可能性を開く手段も、義務化から除外されているのである。

（注 2） 特別支援学校で 2,000 ㎡以上の場合は整備義務がある。また 2020 年の改正で 2,000 ㎡以上の公立小中学校が義務化された。

（注 3） 保健所、税務署その他不特定かつ多数の者が利用する官公署で 2,000 ㎡以上の場合は整備義務がある。

（注 4） 例えば東京都は条例で、すべての学校に対して面積の制限なく義務化している。

社会に出ていくのに教育は極めて重要である。今や高校はほぼ全入化しているし、大学に行くのも特別なことではない。また社会に出てからも自己研鑽を積む、あるいは趣味の幅を広げるというのは誰にだって必要なことである。しかしバリアフリー法は障害のある人に対してこれを認めていない。障害のある人が社会に出ていくための力づけをやらないで、何のためのバリアフリー法か。

努力義務だって義務だという異論もあろう。しかし1994年のハートビル法の経験では、努力義務では整備が進まないということが明らかになっている。だからこそ2002年の改正で2,000㎡以上は義務という強化がなされたのではないのか。それでも義務だと強弁したいのであれば、努力義務というはっきりしない分類を無くすのが本筋であろう。

整備義務が課せられるかどうかの線引きは2,000㎡以上という面積である。これは都会ではありふれた規模であるものの、田舎ではあまりない大きさだから、権利条約に言う「都市及び農村の双方において」に合致させるためには現行のような面積を尺度とした規定では不十分だということになる。

■7-1-2　整備内容についての問題点

以上は対象範囲における問題点だが、整備内容についての問題点もある。

バリアフリー法によって整備が求められているのは外部の駐車場や道路等から建物玄関を通って目的の部屋に行くまでの敷地内通路や廊下等、その途中にある便所、階段やエレベーターのような上下移動手段、建物や居室への出入口といった「建築物特定施設」と経路や標識、案内設備を基準に適合させることである（図1）（注5）。

外からやってきた人は目的の部屋（利用居室：不特定かつ多数の者が利用し、又は主として高齢者、障害者等が利用する居室）まで行くことができるのだが、不思議なことに肝心の部屋の中に関する規定がないのである。経路

（注5）　図1は「高齢者、障害者等の円滑な移動等に配慮した建築設計標準」に掲載されている図をもとに、川内が描き直した。

がいくらアクセシブルでも、多くの人は経路を歩くことを目的としてその建物に行くわけではなく、中で何らかの活動ができなければアクセシビリティ整備の意味をなさないはずだが、なぜかバリアフリー法は目的の部屋の中については言及していないのである。

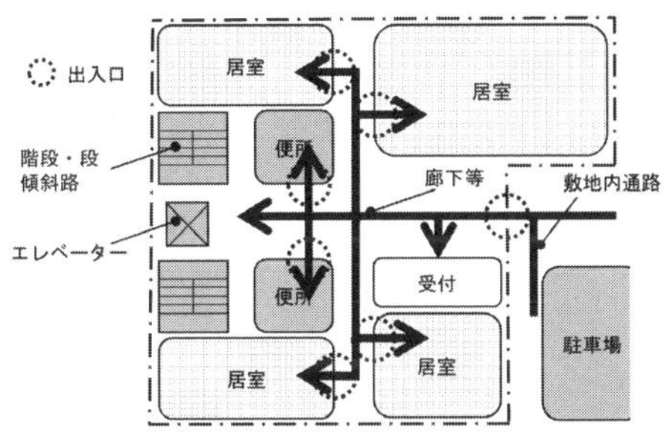

図1　バリアフリー法による整備箇所

2020 オリ・パラの施設設計においてこの問題点が現実となった。IPC ガイドにはスタジアムの観客席のアクセシビリティについての規定があるのだが、バリアフリー法には全くなかった。同法で外部から観客席エリアに入るところまではアクセシブルになるが、その先についてはカバーしていない、つまり部屋（観客席）の中のアクセシビリティの概念がなかったのである。

これについては実際の施設設計に用いた Tokyo ガイドで IPC ガイドを反映していたので、オリ・パラ競技施設についての整備は約束された。しかしバリアフリー法を改正してこの内容を取り込むことはいまだになされていないので、2020 オリ・パラ以降に建てられる競技場の観客席をアクセシブルにせよという法的要求はない。相変らず建築主の気持ち次第なのである。

■ 7-1-3　学校に対する規定の問題点

2020 年のバリアフリー法改正で、2,000 ㎡以上の公立小中学校（約 3 万といわれている）でのアクセシビリティ整備が義務化された。改正の理由について「国交省は『特別支援学級に通う子供が増えていることや災害時の避難所としての役割を重視した』とする」（文 2）と報道されている。公立小中学校は災害時の避難場所とされている場合が多く、また特別支援学校ではなく

（文 2）「ホテルや飲食店、バリアフリー認定制度を創設へ…公立小中学校は義務化」読売新聞オンライン、2019 年 12 月 29 日
https://www.yomiuri.co.jp/national/20191229-OYT1T50055/

一般校の中に設けられた特別支援学級に通う子どもが増えているということである。奇妙なことに、一般校の一般教室で学ぶ障害のある子どものことや、障害のある教職員のことについては、少なくともこの報道では伝えられていない。この人たちに対して国交省はどう考えているのだろうか。

特別支援学校以外の学校のアクセシビリティ整備は、これまで面積にかかわらず努力義務だったのだから、これは大きな前進である。しかし本当に有効に使えるようにするには、設計にあたって注意深い検討が必要である。

多くの学校では校舎と体育館は別棟となっているが、それらはバリアフリー法上では用途上一体と見なされ、法的に求められる設備は全体で満足させることになる。ただ、学校が持つ社会的役割を考慮に入れて、特有の事情を考える必要もある。近年は地震や洪水などの自然災害がひんぱんに起こり、そのたびに人々は避難場所で不安な時を過ごす。学校、とりわけ体育館は、その避難場所として重要な役割を持っており、災害時に必要な物資が備蓄されているところも多い。しかし避難の場面で必ず指摘されるのが、アクセシブルなトイレがなかったという問題点である。学校にはいまだにしゃがみ式が多く残っており、これは車いす使用などの歩行困難者だけの問題ではなく、高齢の人にとっても深刻な問題であるが、これまでのバリアフリー法では努力義務だったから、整備されていないのはある意味で必然である。

体育館に避難者がいるときには、校舎本体と体育館は別の用途で使われることになり、その場合は校舎と体育館がそれぞれ独立して機能できるようにしておく必要がある。バリアフリー法では車いす対応トイレは 1 以上となっているから、その規定のままで学校を設計したら、校舎と体育館合わせて 1 カ所に車いす対応のトイレを設ければよいということになる。体育館に設置すれば、通常時において車いす使用の生徒や教職員には不便だろう。逆に校舎に設置すれば非常時の避難者に不便となってしまうだろう。

大雨で体育館に逃げてきた人が校舎にしかない車いす対応トイレに行こうとすれば、渡り廊下を通ることになる。しかしバリアフリー法やそのガイドラインである建築設計標準では、経路に屋根を設けることが定められてはいない。大雨であれば、トイレに行きたくても行けないという状況が起こる。たとえ屋根があっても簡易なものであれば吹き降りには役に立たないだろう。

非常時にも校舎本体と体育館が独立して機能するように、体育館に1以上、校舎にも1以上、本当に必要な人のことを考えるのであれば各階に1以上ずつ設置することが学校の社会的使命を充足するうえで必要だと考える。

ただし、法改正されたからといって既存の学校がアクセシブルになるとは限らない。既存の建物はそれまでの法に合致していたとしても、改正されたときから法に合わなくなってしまう。これを「既存不適格」という。しかし「既存不適格」になったからといって、すぐに改正法に合うようにしなければならないという決まりはなく、「建築」する場合に法に合わせなさいと定められている。この規定における「建築」とは新築、増築、改築、用途変更を指している。つまり、法改正されたからといって慌ててアクセシブルにする必要はなく、何らかの建築工事があるときに合わせてやればいいということである。少子化の時代だから新設される学校はそれほど多くはなく、ほとんどの学校は「既存不適格」のままで増築や改築のタイミングまで待つことになる。財政事情の厳しい自治体では、なかなかアクセシブルにならないということが起こる懸念がある。

7-2　公共交通に対する規定の問題点

公共交通のアクセシビリティについては2000年の「交通バリアフリー法」のときから、駅施設に対して新築と大改修時の整備が義務付けられており、これは規模にかかわらず小さな駅も対象となる。また既存については努力義務となっており、この枠組みは2006年にバリアフリー法になった以降も継続している。さらに国は基本方針という具体的な整備目標を定めている。基本方針は2000年に交通バリアフリー法ができたときに10年後の2010年までの目標で作られたものである。現在は、2010年に最初の目標が終了したときにさらに高い目標を掲げて、ゴールを2020年に再設定している（文3）。これももう終了期限が来ているので、新たな目標づくりが進められてい

（文3）「移動等円滑化の促進に関する基本方針」国家公安委員会、総務省、国土交通省、2011年3月31日

る。2020年までの目標では、1日の平均利用者数3,000人以上の3,450駅を原則としてすべてバリアフリー化し、10万人以上の駅でホームドア・可動式ホーム柵を優先的に整備するとしている。

写真1　ホームドア

駅のバリアフリー化とは①エレベーターまたはスロープを設置することをはじめとした段差の解消、②ホームドア（写真1）、可動式ホーム柵（写真2）、点状ブロックその他の視覚障害者の転落を防止するための設備の整備、③視覚障害者誘導用ブロックの整備、④便所がある場合には障害者対応型便所の設置である。なお②の「転落を防止するための設備」については、ホーム端に黄色の警告ブロックを敷設する（写真3）ことでも可とされており、実際、全国のほとんどの駅で整備済みということになっているが、転落防止の実効性という点ではホームドアや可動式ホーム柵に対して大きく劣っている。主に金銭的な問題でこれを選ばざるを得ないのは残念である。

写真2　可動式ホーム柵

写真3　ホーム端警告ブロック

ちなみに、これらの設備は高齢の人や障害のある人のためということにはなっているが、2000年から駅にエレベーターが積極的に設置され始めてから目に見えて利用が増えたのはベビーカーである。ホームドアや可動式ホーム柵は視覚障害のある人の転落防止に有効であるが、転落から最も助けられているのは酔っぱらいである。また、車いす対応便所はもはや車いす使用者だけの場所ではなくなっている（「第

8章」参照)。

基本方針では、他にも車両やバス等の整備目標も掲げられており、公共交通事業者の協力もあって着々と整備が進んでいる。

また公共交通についてはもう一つの柱として、市町村が基本構想を定めることができるという枠組みがある。これは駅等の旅客施設を中心とする地区や、高齢の人や障害のある人が利用する施設が集まった地区を重点整備地区と定め、基本的な構想(基本構想)を定めて整備していくというものである。今までの整備は建築物や駅などの「点」や歩道などの「線」であったが、これを地区という「面」に広げて整備を進めることが目的である。しかしこの枠組みが始まって20年が経つというのに、市町村間の温度差は大きく、決して順調に広がっているとは言えないのが実情である。

7-3 「障害のある人に声をかけよう」の危うさ

2018年改正バリアフリー法の第7条では以下のように述べている。「国民は、高齢者、障害者等…が公共交通機関を利用して移動するために必要となる支援その他のこれらの者の円滑な移動及び施設の利用を確保するために必要な協力をするよう努めなければならない」。なかなか難解であるが、国交省が作った資料には「『心のバリアフリー』として、高齢者、障害者等に対する支援(鉄道利用者による声かけ等)を明記」とある。つまり、駅で高齢の人や障害のある人を見かけたら声をかける等の支援をしましょうと言っているのである。

そもそもこういうことは、努力義務であるにしても法で求めるべきものなのだろうか。その背景には、相変わらず減らない視覚障害のある人のプラットホームからの転落事故がある。最も有名なのは1973年に起こった二つの転落事故であろう。大阪環状線福島駅での事故では、ホームから線路上に誤って転落し列車にひかれ重傷を負った視覚障害のある人が、ホームに点字ブロックが未設置だったことに原因があるとして、旧国鉄に損害賠償請求をした。同じ1973年に山手線高田馬場駅でも同様の事故が起こり、こちらは死亡して、やはり損害賠償請求訴訟に持ち込まれた。この2件の訴訟を契機に、プラットホーム端への黄色の警告ブロックの敷設が広まったと言われている。しかしその後も転落事故が絶えることはなく、近年はそれをマスコミがひんぱんに報道するようになったために、国も鉄道事業者も頭を悩ませている。それがホームドアやホーム柵の設置につながってきているのだが、まだまだ設置されていない駅が圧倒的に多い。事故が起これば鉄道事業者が厳しく非難されるが、駅員がすべての視覚障害のある人に対応するのは無理なので、第７条によって鉄道を利用する客に頼もうということであろう。それを鉄道事業者からではなく、国が法律によって頼んでいるのだ。

ホームで高齢の人や障害のある人に声をかけることが正しいとしよう。であればすべての高齢の人や障害のある人に声かけすべきであろうが、こういったキャンペーンで主に声をかけられるのは、外見でそうとわかる人、すなわち白杖を使う視覚障害のある人と車いす使用者であろう。実は転落事故の危機にあるのはロービジョン（弱視）の方も同様なのだが、彼らの多くは白杖を使っていないので外見からはわからないため、声かけの対象から外れてしまう。

次に、声をかけられることを当事者はどう思っているかだが、確かに視覚障害のある人は声かけを歓迎している人が多く、実際に、近頃（新型コロナウイルスの流行前まで）は声をかけられることが多くなったと実感している人が多い。一方で、白杖を使って自立歩行をしていることに自信と誇りを持っている人もいて、こういう人は少数派ではあるが声をかけられることを嫌っている。また声かけを歓迎している人の中にも、慣れたところでは特に声かけはいらないが、断ると相手の人は委縮してしまってもう声かけをしなくなるかもしれず、それは視覚障害のある人全体の不利益になるので、いつも気持ちよく手助けを受けているという人もいる。

一方、車いす使用者は若干事情が違っていて、声かけを歓迎する人もしない人も、いろいろである。

要は一律に声をかければいいということではないということだ。この点では欧米を旅行した障害のある人から、「普段は何もないのに助けが必要なときにはさっと声や手が出てくる」という話がよく出てくるように、日本社会はまだまだ経験不足のようである。では欧米の人たちはなぜ適切なときだけのサポートができるのだろうかと考えたとき、子どものときから一緒に暮らしてきている場合と、隔離された環境で別々に成長してきている場合の経験の違いが大きいのではないかと思える。それに日本人は申し出を断られることに対して神経質過ぎるのだとも思う。申し出て断られれば、あいさつ程度で別れればいいだけのことなのに、失敗したと思う、そしてもう失敗したくないから二度と声かけはしないと思ってしまうのだ。

さらに心配性の人は、声をかけて介助を始めてから何かの事故が起こったらどうしようかと考えるかもしれない。善意で声かけしたのに責任を負わされてはかなわないと考えることは、自然なことのように思える。このような場合にその責任を国が肩代わりするような仕組みが必要ではないだろうか。

声かけキャンペーンに対して、私にはもう一つの懸念がある。それは社会に、障害のある人は常に困っているのだ、常に助けを求めているのだという誤ったメッセージを伝えることにならないかという危惧である。手助けや声かけという行動はわかりやすいが、それが正しい理解を促す方向で広まっていくことを期待するのみである。

7-4 「人権や尊厳」なき共生社会

これまでバリアフリー法は国内向きでよかったが、近年は海外からの影響が強くなっている。代表的なのが権利条約と2020オリ・パラである。

権利条約では障害のある人の「他の者との平等」な社会参加を権利だとして、それを妨げるものを差別だとしている。また2020オリ・パラに用いられる会場のアクセシビリティを定めたIPCガイドでは「アクセスは基本的人権であり、社会的公正の基本である。社会的公正とは、人々を個人として受け入れ、社会生活に完全に参加するための公平で平等な機会へのアクセスを保障することである」と述べていて、ここでも権利条約と同様の考え方が示されている。つまり、世界はアクセシビリティを単に物理的環境の整備としてではなく、障害のある人も他の者と同等に社会参加するという「人権」を実現する道具としてとらえているのである。

この点において、バリアフリー法は非常に遅れている。ハードのアクセシビリティ整備は着実に進んでいるが、では何のためにこういった整備を進めるのかについて、バリアフリー法を所管する国土交通省は「人権」だと明言することを避けているのである。このことは本書で既に述べた。

パラリンピック開催を契機に、国は「2020 行動計画」を定めたが、その冒頭の「基本的考え方」では以下のように述べている。

「我々は、障害の有無にかかわらず…すべての人がお互いの人権や尊厳を大切にし支え合い、誰もが生き生きとした人生を享受することのできる共生社会を実現することを目指している」。

これは権利条約の精神とも合致するもので、目指す社会を「共生社会」と呼んでいる。この「共生社会」は、2018 年にバリアフリー法が改正された際に取り込まれて、(基本理念)として以下の条文が新たに加えられた。

「第一条の二　この法律に基づく措置は…全ての国民が年齢、障害の有無その他の事情によって分け隔てられることなく共生する社会の実現に資することを旨として、行われなければならない」

これを読んで私はおや、と思った。2020 行動計画では共生社会について「人権や尊厳を大切にし」と述べているのに、2018 年の改正バリアフリー法ではその部分がそっくり無くなっているのだ。「人権や尊厳を大切にし」は 2020 行動計画における「共生社会」についての重要な性格付けを行っている部分のはずであるが、なぜ改正バリアフリー法ではこの部分が欠落しているのだろうか。障害のある人はこれまでお店とか公共交通機関からさまざまな拒否や排除を受けてきた。「人権や尊厳を大切にし」の欠落によって、移動を権利として認めたくないという国交省の意向が示されているように思える。権利という裏打ちがないために、ハードがいくら良くなっても、障害のある人は相変わらずお店とか公共交通機関の考え方次第で、容易に拒否あるいは排除されるかもしれないという不安を抱え続けることになるのである。

第 6 章で、Tokyo ガイドでは「人権」という言葉がなくなっていると指摘したが、改正バリアフリー法も Tokyo ガイドも権利条約の影響を受けたものだと私は理解している。この両者で共生社会をうたいながら、両者とも「権利」が欠落していることをどう理解すればいいのだろうか。

7-5 「尊厳」の視点の欠如

本書ではアクセシビリティ整備は人権や尊厳のために行うということを繰

り返し述べている。バリアフリー法にはそのことを理解していないことが如実にわかる規定がある。

バリアフリー法施行令第18条は「移動等円滑化経路」に関する規定だが、その第1項では「直接地上へ通ずる出入口のある階（以下この条において「地上階」という。）又はその直上階若しくは直下階のみに利用居室を設ける場合にあっては、当該地上階とその直上階又は直下階との間の上下の移動に係る部分を除く」としているのである。

つまり、地上階が1階だとすれば、2階、1階、地下1階のみに利用居室（不特定かつ多数の者が利用し、又は主として高齢者、障害者等が利用する居室）を設ける場合には、その上下移動に関する部分はアクセシブルにしなくてよい、と言っているのである。

これを初めて読んだとき、私はその意味が理解できなかった。バリアフリー法というバリアを無くすための法律に、わざわざバリアを残してよいと書いてあるのだ。

これについてDPI日本会議から国交省に出した質問に対して、国交省は「一階分の上下階の移動であれば介助者等による介助を受けることで移動が可能であること、地上階から直上階若しくは直下階のみへの移動のために昇降機を設けることは、社会通念上、過重な規制となると考えられることから、除外規定を設けております」（文4）と答えている。

これはしかし、以下の二つの点からよく考えなければならない。

・現代は電動車いすが多くなっており、バッテリーやモーター等で非常に重くなっている。たとえ1メートルでも担ぎ上げることは極めて大きな負担であり、担ぐほう、担がれるほう双方に危険でさえある。

・担いで運ばれるのは人間だという意識がないようである。たとえ物理的に担ぐことができたとしても、担がれる当人の尊厳は大きく傷つけられていることに気が付いていない。

ここから見える国の姿勢は、①アクセシビリティとは物理的な問題だと

（文4） DPI日本会議から国土交通省安心生活政策課、課長に対して発した「バリアフリー法施行令に関するご質問」（2020年8月17日）に対する回答文より。

思っているということと、②アクセシビリティをできるだけ安上がりにしたいという意図である。

何のためにアクセシビリティ整備を行うのかの理念がないと、物理的に解決できればそれでよいという考えに陥ってしまう。一度でも車いすで担がれて階段を上下した経験があれば、それがどれほど担がれる側にとって不安で怖いものであり、人としての尊厳を傷つけられるものであるかが理解できるはずである。

写真4　注目の的

写真5　好奇や非難の目

環境が整っていれば誰の手も借りずに自由に上下移動できることを私たちは知っている。それが全否定されるのだ。

私は駅にエレベーターが設置される以前は、ほぼ毎日のように担がれていた。担ぐほうの負担も大きく、担いでいる途中で腰を痛めた駅員もいた。その中で数回は落とされた経験もある。担ぐ人も必死だからもちろん故意ではない。幸い、担いでいる人の機転で、落ちたとしても階段下まで転がり落ちるようなことにはならなかったが、そもそも落とされるリスクが明らかなのにそれを容認する内容が、わざわざ除外規定として定められていること自体がおかしい。

写真6　モノの上下移動

また担がれるためには担ぐだけの人数が集まるまで待たされることになり、これが何分かかるのか何時間かかるのか予測できない。担がれている間は、しばしば周りの人たちからは好奇の目で見られ、さらに自尊心が傷つけられる。担がれ運ばれるのはモノではない。感情のある生身の人間なのだ。

第 18 条の規定では、アクセシブルにしないでよいとは言っているが、代わりにどんな手段で上下移動をするかについては述べられていない。人力で担ぐことから、さまざまな機械を導入するまで、いろいろな方法が考えられる。2000 年に交通バリアフリー法ができたおかげで、駅の上下移動ではエレベーターが主流になったが、それ以前には上下移動のための特別な機械や車いす対応の機能のあるエスカレーターが広く使われていた。上下移動のための特別な機械は見世物のように周りの人の視線を集め（写真 4）、車いす対応の機能のあるエスカレーターは、車いすに占有されて使えなくなった人たちからの好奇や非難の目の中で上下移動をしなければならなかった（写真 5）。このやり方は飲み物や新聞雑誌を上下させるのと同じ発想で、モノを運ぶという感覚である（写真 6）。しかし実際に運ばれているのは周囲の視線を感じ取り、それに応じて感情を持つ人間なのである。人間だから当然、尊厳を持っている。担いで運ぶ人に完全に依存させられ、モノのように運ばれ、周囲からじろじろと見られたり、恐怖の体験をさせられたりするのは、人間としての尊厳を無視した扱いである（注 6）。担がれるにしてもさまざまな機械に乗せられるにしても、そこで運ばれる側の心情に対して何も理解していないから、1 層分の上下移動なら除外すればいいやという安易な考えにつながってしまうのである。

また国の回答では「社会通念上、過重な規制となると考えられる」とある。対象となるのは 2,000 ㎡以上の建築物である。2,000 ㎡を割と大きめのコンビニ 10 軒分、割と大きめのファミリー向けマンション 20 室分と見れば、それほど小さな建物ではない。その建物に 1 層分の上下移動のためにエレベーターを設けることは、果たして「社会通念上、過重」なのだろうか。

（注6） 東京都の建築物バリアフリー条例では、第10条第2項にこれを埋め合わせる規定があり、地上階とその直上階又は直下階との間の上下の移動に係る部分での除外はなくなっている。ただしこの条例であっても保育所、幼稚園等は除外されており、子どもなので担いで運ぶことが簡単だからという理由だと聞いている。子どものときから自分は人に依存しなければ上下移動できない、担いでくれる人には逆らえないと刷り込むことが、果たして教育的なのだろうか。

7-6 棒切れを遠くに

たいていの建築物は建築主が自分で資金を工面して建てる。自分の金で建てるのに何で役所から規制を受けなければならないのだと考える建築主は多い。建築規制は自由の制限になるから、都市としてのバランスを崩さないようにとか、火事や地震で致命的な被害が生じないようにといった最低限の規制にとどめるというのが行政側の態度で、だから過重な規制になることに慎重なのは道理に合っていると私も思う。

アクセシビリティは人権や尊厳の問題だと何回も述べている。ここで取り上げている1層分の上下移動にアクセシビリティ整備を求めないという規定は、そこでアクセシブルな移動動線を切ってよいと言っているわけで、切られた側にしてみれば人権や尊厳の問題になってくるということである。だから私は、上記のような役所側の抑制的な態度に理解を示しつつも、アクセシビリティにおいては一定程度の規制は必要だと考えている。国もそのことを理解しているから、バリアフリー法に義務規定を入れているのだろう。しかし国のこの理解が確固としたものかどうかは、はなはだ怪しい。

「7-1-3　学校に対する規定の問題点」において、公立小中学校を義務化した理由として、国は「特別支援学級に通う子供が増えていることや災害時の避難所としての役割を重視した」としていると書いた。また、1層分の上下移動の経路をアクセシブルにすることについては「社会通念上、過重な規制となると考えられる」と述べている。これらから読み取れるのは、国は社会がそうできる、あるいはそれが必要だというレベルになったときに法に反映しているということである。

1990年にアメリカでADAが成立したとき、それは当時としては極めて先進的な法律で、よくこれが通ったものだと私は正直驚いていた。そのことをアメリカの知人に話すと、彼は犬に棒切れを拾わせる例を出して、「我々はときに棒切れを遠くに投げて拾いに行かせるような法律を作る。社会はまだそこまで追い付いていないけれど、目標を示すことでみんなはそこに行こうと必死で努力するのだ」と説明してくれた。

アクセシビリティ整備はわが国では比較的なじみが浅い。その背後にある障害の社会モデル、人権、平等、尊厳といった考え方も同様で、しかしわが国でなじみがなくても世界はどんどん進んでいる。こういったときには棒切れを遠くに投げて社会として向かうべき目標を示すべきではないのか。しかし国は、現状がこうであるからとか、社会通念上とか、いわば、目の前に棒切れを置くような現状追認型の施策を重ねてきた。目の前に置かれれば確かに拾いやすい。しかし拾う側はどちらの方向に目標があるのかわからない。1994年のハートビル法は努力義務を定めた法律であった。それは一見とっつきやすい、いわば目の前に置かれた棒であった。しかしそれが建築主に、アクセシビリティ整備は自分たちの意向次第でどうにでもなるのだという誤ったメッセージを伝えたことにならなかっただろうか。

さまざまな法律を作り、施策を展開しても、向かうべき方向が示されないのであれば、新しい考え方が人々に理解され、社会に定着していくまでに余計に長い時間がかかり、世界から取り残され、ときには人々に誤ったメッセージを伝えてしまうことにならないだろうか。権利条約に示されている価値観は極めて重要なものである。であれば、棒切れを遠くに投げて、目標はあそこだと示すことが必要なのではないだろうか。

障害のある人を排除することが通念となっている社会でそれに従えば、排除はなくならない。法や制度を作る人たちには棒切れを遠くに投げる勇気を持っていただきたい。それで一生を左右される人がいるのだから。

これまで述べてきたように、バリアフリー法は障害のある人の職業選択の自由や学校選択の自由、幸福を追求していく権利等を制限することにつながる規定を持っている。最近の改正も含めて、バリアフリー法からは日本社会をこう導いていくのだという気概が感じられない。アメリカは1990年のADAで、イギリスは1995年のDDA（障害者差別禁止法）（注7）で走り出し、多くの国に影響を与えた。権利条約はその動きを反映して2006年には採択された。わが国はいつまでほふく前進を続けるつもりなのだろうか。

（注7） 1990年のアメリカのADAに続いて、イギリスでは1995年にDDA: Disability Discrimination Act（障害者差別禁止法）が制定されたが，2010年に平等法（Equality Act）に引き継がれ、障害のある人に限定した法律から幅広い人の平等をカバーする法律となっている。

7-7 「他の者との平等」になっていない

バリアフリー法の建築物の規定では整備が努力義務止まりで義務化がなされていないものが多くある。努力義務では整備が必ず行われるということは担保されていない。たぶんどんな建築主による建物にも入り口はあるし階段もあるので、障害のある人以外は入って利用できるだろうが、アクセシビリティ整備が努力義務では障害のある人の利用は建築主の気持ち次第で左右される。この問題に理解のない建築主による建物では、障害のある人は入れないし利用できないという状態が法的に容認されているということである。これは権利条約における大原則である「他の者との平等」が、バリアフリー法によって実現されていないということであると私は理解している。

またたとえ義務化が実現したとしても、それだけでは「他の者との平等」には届かない。バリアフリーについてよく「障壁除去」と言われることがある。例えば入り口に段差があることは車いす使用者にとっては障壁で、段差を無くしたりスロープを付けたりすることで障壁除去になる。たとえばスピーカーから何かの広報が行われているだけだと聴覚障害のある人にとっては情報上の障壁で、文字を併記する等で障壁除去になる。

しかし「他の者との平等」かどうかを考えると、それでは少し視点が違うのではないかと思う。

レストランで、たいていの客は好きな席を選ぶことができる。しかし車いす使用者はそうはいかない。そもそも車いすがアプローチできるテーブルかどうか、そのテーブルまで行ける通路はあるか、店によっては店内の床の一部を沈めたり上げたりしているところもある。これらは障壁だから、その一部を車いす使用者が利用可能にするという考え方もあるが、それでは「他の者との平等」にはならない。他の人が席を自由に選択できるならば、車いす使用者も同様に席を選べるようになって初めて「平等」である。障壁除去という考え方ではマイナスをゼロにすることはできるが、他の人たちがプラスの世界で生きており、さらにプラスを積み上げているこの世界で、障害のある人にはゼロのレベルでいいのか、ということを考えなければならない。

例えばアメリカのADAでは、レストランやカフェのダイニングのすべての場所にアクセシブルな経路を設けることと求めており、さらに床を上げたり沈めたりしたところを含むとの注意書きも付けてある（文5）。

バリアフリー法では「人権」や「尊厳」という言葉が書かれていないと先に述べた。しかし「他の者との平等」を求めていくためには、まさにそういった理念が必要になるはずで、その点で重要なキーワードをそぎ取ったバリアフリー法にどこまで期待できるのだろうか。

7-8 「都市及び農村の双方において」が満たされない

権利条約では「都市及び農村の双方において」と述べて地域格差をなくすことを求めているのに対し、バリアフリー法では、建築物についての整備義務は2,000㎡以上、駅の整備目標は1日の平均利用客数3,000人以上を対象としている。これらは共に都市部ではありふれた規模だが、地方ではなかなかないものである。

建築物については、2,000㎡未満の建物は努力義務であるから、都市部の大規模な建物は整備されるが、小規模な建物が多い地方では整備が進まないということになり「都市及び農村の双方において」という権利条約の文言に合致していない。

また駅については新築や大改修の場合は規模に関係なくアクセシブルになるが、地方の鉄道は過疎化などで衰退しつつあり、利用客数3,000人をクリアできる駅は現在でも少ないため、「都市及び農村の双方において」という権利条約の文言に合致しない。たとえ2021年以降の整備目標が1日の利用客2,000人以上に下げられたとしても、地方には高すぎるハードルである。

すなわち面積や人数といった尺度によっていれば、都市と農村の格差はますます広がる可能性があるのである。

建築物に対して規模による尺度だけではなく、その地域における重要な建物といった、社会的な位置付けを考慮する規定が必要なのではないだろうか。

（文5） Americans with Disabilities Act (ADA) Standards (206.2.5), U.S. Department of Justice (2010) and the U.S. Department of Transportation (2006)

これまでは全国一律の画一的な規定を適用してきたが、それぞれの地域の事情が反映される仕組みを考えないと、「都市及び農村の双方において」の実現は不可能である。これは駅においても言えることで、利用客数だけでなく、それぞれの地域の人にとっての重要度を反映する仕組みが必要なのではないだろうか。その際は、実際の利用客も協議に参加し、整備についての理解を深めてもらうべきである。

7-9　小規模店舗をどうするのか

2,000 ㎡未満の建築物のアクセシビリティは努力義務のために小規模店舗の改善が進んでいない。一方で、小規模であっても「他の者と平等」に使えるように考える必要がある。小規模店舗はさまざまで、コンビニなら 200 ㎡弱とか、理美容院なら 100 ㎡弱といったように、業種ごとに店舗サイズがだいたい似通っている。したがって業種ごとに細やかに考える必要がある。また、小規模だとエレベーターや車いす対応トイレの設置は大きな負担になる場合がある。基本的にすべての店舗にアクセシビリティを求めて、ただしその内容はその建物の用途、形態、規模によって調整するといった基準の作り方も検討する価値がある。またアクセシビリティへの費用の上限を工事費の○%までとする、といった考え方もあろう。

小規模だと敷地の制約等からスロープが設けられないなど、最低限のアクセシビリティさえ提供できない場合がある。その場合には、できないことも生じるということを認めつつ、ハードと合理的配慮を組み合わせて、「使える」という実質を可能な限り実現するという方向に考え方を変えることも有効だろう。各店舗にそれぞれのハードに応じた合理的配慮計画を作ってもらうのである。

バリアフリー法では、建築行為を伴わない既存建物に対しての整備義務は生じない。しかし合理的配慮は既存、新築、建築行為の有無とは関係がない。合理的配慮には負担が過重でない限りというブレーキが付いているから、彼らが持っているいろいろな資源を勘案しながら、無理のない範囲での計画書が作れるはずである。これは、各店舗が自分たちにできることは何かを考えるきっかけになる。それこそまさに意識の改革なのだと思う。

車いすトイレについては、自分のところには無いとしても、近所のどこにあるかを知っていれば、その情報は有益なものとなるだろう。最近は行政やNPOなどさまざまな団体がまちの中のアクセシビリティ情報を発信している。各店舗がそれをニーズのある人につなげられれば、障害のある人は安心してその店舗での時間を過ごすことができるようになる。小規模店舗は合理的配慮も含めた自分のところにある資源と、外部にある資源を上手に組み合わせることで、より幅広いニーズに応えることができるはずである。

7-10　駅の無人化の問題

紆余曲折はありながらも、わが国の公共交通のアクセシビリティは2000年以降に整備が進んできた。しかしここに来てバリアフリー法が想定していなかった問題が大きくなっている。

2020年9月23日、大分の車いす使用者がJR九州を相手取って訴訟を起こした（文6）。近年は駅の無人化が広がっていて、それによって車いす使用者が移動の自由の制限などの不利をこうむっているという訴えである。JR側は事前予約をしてもらえれば対応すると言っているが、他の乗客には求めていないような条件を課すこと自体が差別であり、また外出先の用件の終了時刻の予想は困難であるから、帰路の事前予約はかなりの難題である。

無人駅化は私たちの知らないところで広がっており、全国の9,464駅のうち無人駅は4,478駅もあり、実に47%を占めている（文7）。ここに表れていないものとして、深夜や早朝の無人化というのもあり、これはどれほどの駅がそうしているかは不明だが、都心の利用客が数万人もある駅でも早朝に駅員が不在のところがある（文8）とのことだから、そのような駅でうまくい

（文6）「駅無人化は移動制限」毎日新聞、2020年9月19日

（文7）第201回国会　国土交通委員会　第6号（2020年4月3日（金曜日））議事録における水嶋政府参考人の発言
http://www.shugiin.go.jp/internet/itdb_kaigiroku.nsf/html/kaigiroku/009920120200403006.htm

（文8）「都市部に広がる〝無人駅〟五輪会場の最寄りにも　ＪＲ東『事前に要連絡』車いす利用者ら『乗りたい時に…』」47NEWS、2020年5月8日
https://www.47news.jp/4790112.html

けば当然のように無人化のさらなる拡大につながっていくものと思われる。
無人化は自動改札、自動券売機、監視カメラ等の発達が追い風となっている。将来はこういった機械化がさらに進むと考えられるので、鉄道会社としては今よりもっと気軽に無人化を進めやすくなると予測できる。（文6）に載った識者は、「障害者の移動手段を確保するのは福祉の役割だ」と述べており、旧来からの障害＝福祉の考え方を代表したものだと言えるが、もしそうだとすると公共交通とは何か、の定義とそれを担ってきた鉄道の役割を改めて明らかにする必要がありそうだ。
赤字路線を抱えて鉄道会社が倒産でもしたら元も子もなくなるが、移動の足や、ひいては生活を頼っている人が多いことも確かで、無人化して障害のある人を排除することになれば、障害をもとにした差別だということになる。福祉の問題だとして行政から資金注入が行われれば当面の救済になるかもしれないが、もともとが不採算路線であれば行政の負担は増え続けることになる。
鉄道会社としてもいろいろと検討した末の無人化であろうが、果たしてアクセシビリティの観点からの検討はどれほど行われたのだろうか。遠隔システム、カメラ、インターホンではカバーできないニーズがあることは容易に想像できることである。無人化するならばそれに向けてのシステムをきちんと考えるべきだし、それの整備のために投資が必要であろう。
もちろん転落時への対応策として、線路上に検知マットの設置を行うべきだし、監視カメラの設置も必要である。最近の監視カメラは転落などの異常行動を感知するものもある（文9）。またホームが複数あって跨線橋などの上下移動が必要な場合はエレベーター等の移動環境の整備も必須である。係員のいる窓口とつなぐインターホンは相互の画像が見えるものが必要である。
これらの安全を担保する設備を整えたうえで、人的介助の提供システムを構築すべきである。鉄道での介助は駅側で提供されるが、どうしても無人化

（文9）「駅構内カメラを活用した『転落検知支援システム』の運用開始」東京急行電鉄株式会社、2018年8月8日
https://www.tokyu.co.jp/image/news/pdf/20180808.pdf

が避けられないとしたら、乗降介助を運転士等の電車側で提供するシステムへの変更が必要である。実際、乗務員が介助を行う鉄道はいくつかある。ホームからの転落防止にはホームドア設置が理想的だが負担が大きければ、視覚障害のある人をはじめとして介助が必要な人は転落の危険があるホームの端までは行かずに、待合室に入って待つような仕組みを作るべきではないかと思う。待合室に連絡ボタンを設置し、それを押すことでやって来ている列車の乗務員に介助の必要な客がいることを伝える。あとは到着した乗務員が介助するというシステムである。また車内にもインターホン等を設置して降りる駅での介助希望を伝えられるようにすることも必要だ。

現状の無人化はこういった設備やシステムの検討を十分行ったうえで進められているようには見えない。国においても無人化によってアクセシビリティの質が低下しない方策を鉄道会社や乗客の代表と共に定めるべきである。

そういった根本的なシステムの発想がない中で、車いす使用者と鉄道会社が裁判で争うというのはあまりに貧しいし、たとえ判決が出たとしても双方からの共感を得るものにはならないのではないだろうか。

第８章
トイレの機能分散

8-1　初期の車いす対応トイレ

わが国はトイレのアクセシビリティにおいて、世界で最も熱心な取り組みを行っていると言えるだろう。オストメイト用器具（注1）や大人用ベッドなどは、他の国ではまず見られない設備である。

初期にはまず車いす用便房が造られた。その先駆けは1960年代に病院の中に設置されたとの記録がある（文1）。それは当時、一般にはまだ珍しかった腰掛け式便器で、手すりが付いており、便器の左右からアプローチできるものであったようである。

70年代に入るとこの車いす対応トイレが町の中に設置され始める。東京都町田市が1974年に施行した「町田市の建築物等に関する福祉環境整備要綱」の「ハンディキャップを持つ人のための環境整備基準」では、全17ページのうち3ページをトイレに割いているから、当時から障害のある人の社会参加の基本にトイレがあるという認識が高かったことがわかる。ここでは、腰掛け式便器で壁側にＬ形手すり、オープンサイドに回転手すりという現在につながるトイレが示されており、便房の広さは手すり可動式の場合は2.5m × 2.2m以上、手すり固定式の場合は2m × 2mと、現在と同等か、若干広めである。

（注1）　オストメイト：人工肛門、人工膀胱造設者。排泄物を出すために腹部にストーマと呼ばれる開口部が造設されており、排泄物を受けるためパウチ（蓄便袋・蓄尿袋）を付けている。

（文1）「大学病院におけるリハビリテーションセンターの建築計画に関する考案」（東京大学病院中央診療部）樫田良精、佐々木智也、上田敏、平方義信、鎌倉矩子、（東京大学工学部建築科）陳耋玉、小滝一正（第４回日本リハビリテーション医学会総会）『日本リハビリテーション医学会誌』4(4)，303-304，1968-8-18

90年代に入ると多くの地方自治体で「福祉のまちづくり条例」が制定され、そのガイドラインによって車いす対応トイレへの認識が広まっていった。

それからは既に述べているように1994年のハートビル法、2000年の交通バリアフリー法、2006年のバリアフリー法と制定され、それぞれのガイドラインにおけるトイレの規定は強化されてきている。

車いす対応トイレを町に展開していくにあたって、常に広さと利用実態が問題であった。トイレ本来の目的以外の利用、長時間の占用、犯罪、未成年者の喫煙などである。そこで80～90年代には、施錠し、利用したい人の要請に応じて開けてくれるやり方が広まった。しかし、肝心のカギを誰が保管しているかわからない、最寄りの商店などが保管していたら営業時間が終われば使えなくなるなど、全く実用的ではなかった。

8-2　どなたでもご利用ください

このように、施錠することは問題が多い。しかし不正利用も防ぎたい。このジレンマを解決するために、発想の転換が行われた。

多くの車いす対応トイレは異性介助や広さの問題から、男女の性別トイレから切り出されて独立している。80～90年代は今に比べて車いす使用者の外出機会が少なく、トイレの利用回数も少なかったため、不正に使われていても見つかりにくかった。そこで、もっと多くの人に利用してもらって、人の目に触れるのがいいのではないかということで、「どなたでもご利用ください」としたのである。東京都は2000年の「東京都福祉のまちづくり条例施設整備マニュアル」から、これを独自に「だれでもトイレ」と名付けた。

「どなたでもご利用ください」と言うのであれば、車いす対応の設備だけでは不十分である。そんな要請に応えて、2000年に施行された交通バリアフリー法の整備ガイドライン（文2）は、公共交通機関におけるトイレ設計の大きな転換点となった。ガイドライン検討委員会の中に「身体障害者用トイレに関する分科会」が設けられ、車いす対応便房の中にオストメイト用の

（文2）「公共交通機関旅客施設の移動円滑化整備ガイドライン」交通エコロジーモビリティ財団発行、2001年8月

汚物流し（写真 1）、乳幼児用おむつ交換シート、さらに大人も利用できる大型のおむつ交換シート（写真 2）などを設置した「多機能トイレ」が提案された。ただ、当初は写真 1・2 のような製品のない中での提案であった。

写真 1　オストメイト用汚物流し

ちょうどその頃、1998 年 11 月から関西の私鉄で、保護者の責任のもとでという制限付きながら、ベビーカーを折り畳まずに乗っていいという動きが現れ（文 3）、極めて短期間のうちに関東にまで広がった。さらに 2000 年の交通バリアフリー法の制定によってエレベーター等、駅のアクセシビリティが改善されて、ベビーカーのままで公共交通機関を利用できる環境が整ってきた（注 2）。こうして公共交通で移動できるようになると、ベビーカーと共に入れるトイレのニーズが大きくなり、そこに子育て設備が充実した多機能トイレが、「どなたでもご利用ください」と登場してきたのである。

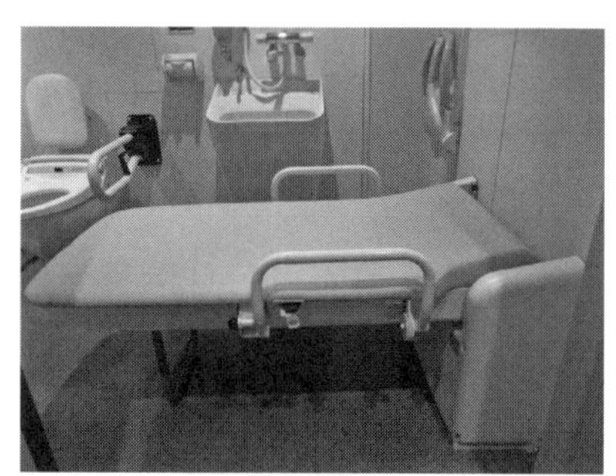
写真 2　大型おむつ交換シート

このトイレは広い上に設備があるので、子育てにとっては大きな助けとなり、ベビーカー連れの人たちがどんどん使うようになった。またベビーカーは卒業していても、小さな子どもから目が離せないということで、親子連れ、家族連れでのファミリートイレとしての利用が増えた。

この頃にはトイレの清掃技術が向上し、もはやトイレは異臭漂う汚い場所ではなく、長時間を過ごしても違和感のない快適な空間となっていったため、

（文 3）「ベビーカーの使用　鉄道車内 OK」産経新聞大阪夕刊社会面、1998 年 12 月 22 日
（注 2）駅のエレベーターは、もともとは高齢の人や障害のある人のことを考えて設置し始めたが、ベビーカーにも大きな助けになったと私は思っている。

車いす使用者、子育て世代以外の人もあまり抵抗なく、排泄だけではないゆっくり時間を過ごせる場所として利用するようになった。一般の性別トイレは個室に入っても音やにおい、さらに気配は伝わる。多機能トイレは独立しているがゆえに周りを気にする必要がなく、しかも「どなたでもご利用ください」と歓迎してくれている。一歩家を出たらプライバシーのない都市生活において、オアシスのような使い方をする人が出てきたのである。

このことが車いす使用者に、本来は自分たちのためのトイレだったのに使えないことが増えた、という不満を生むこととなった。

2000年の交通バリアフリー法の整備ガイドラインではもう一つ、「簡易型多機能便房」(注3)を提案している。車いす対応の「多機能トイレ」は異性介助が可能なように男女共用が原則だが、一人で用を足せる車いす使用者の中には男女別に分けてほしいというニーズがあった。これは大人の男女として当然と言える声である。一人で用を足せる車いす使用者はかなりいろいろなことを自分でできる場合が多く、車いすが小さい傾向がある。そこで「多機能トイレ」に加えて、一般便房より大きめだが車いす対応より小さい「簡易型多機能便房」を性別トイレの中に設置するという提案を行ったのである。「簡易型多機能便房」は車いすで使えるトイレの数を増やしたいという狙いも込めていたが、しかし「設置が望ましい」というレベルだったため、一部の大規模物販店や公共交通機関など、主にトイレ面積の広いところでの設置例があったものの、期待したほどには広まらなかった。

8-3　トイレの機能分散

2012年に国交省はトイレ利用に関する調査結果を発表した(文4)。ここで車いす使用者の74%が多機能トイレで待つことを諦めた経験があるということが大きく報じられた(文5)。この調査によれば回答した105人の車いす

(注3)「簡易型多機能便房」とはいえ、一般便房より若干広いだけで、特に多機能になっているわけではない。車いす対応の広いトイレを「多機能便房」と呼んだ連想から、「多機能便房」よりは簡易な便房という意味である。

(文4)『多様な利用者に配慮したトイレの整備方策に関する調査研究報告書』国土交通省総合政策局安心生活政策課、2012年3月

使用者のうち94%が多機能トイレで待たされた経験があり、待たされたあげくに出てきたのは、子ども連れが83%、障害者に見えない人が71%だったという。そして回答者の75%が、多機能トイレが不足していると感じているという。この調査結果から国交省は多目的トイレ（多機能トイレ）に機能を集め過ぎたのが原因だと分析した。そこで一般利用者のマナー向上（図1）と、多機能トイレの機能分散を図りトイレ空間を充実させることの2点をその後の方向性として挙げた。

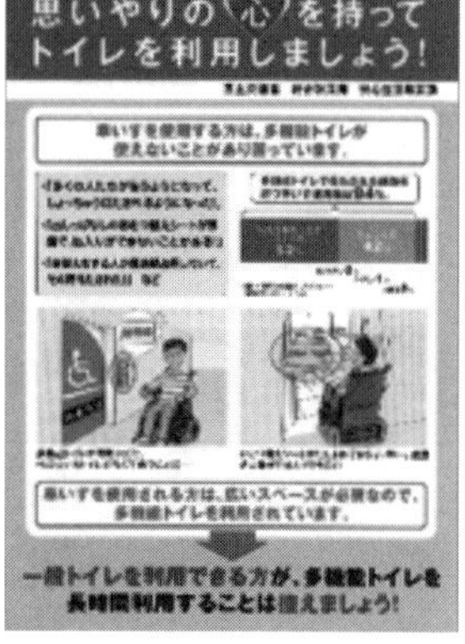

図1 トイレ利用の啓発ポスター

この調査結果は、その後に改正されたバリアフリー法の建築部門の設計ガイドラインである「高齢者、障害者等の円滑な移動等に配慮した建築設計標準」に反映された。平成24年（2012年）版では機能分散の具体的な例示が行われた「個別機能を備えた便房の設計標準」が示され（文6）、(1) 車いす使用者用便房、(2) オストメイト用設備を有する便房、(3) 大型ベッド付き便房、(4) 乳幼児連れ利用者に配慮した設備を有する便房、の4種類が示された。ただし施設用途を十分に考慮したうえで、従来からの「多機能便房」や「簡易型機能を備えた便房」（注4）も容認している。そのあとの平成29年（2017年）版（文7）ではこれに男女共用トイレを加えた5種類（表1）が提示され、機能分散トイレを原則とする方向性が強く打ち出された。多機能トイレについては完全に否定しているわけではなく、バリアフリー法において整備が努力義務になっている建築物に対して限定的に容認している。

(文5)「車椅子で多目的トイレ利用諦めた経験74%」産経新聞、2012年5月23日
(文6)「高齢者、障害者等の円滑な移動等に配慮した建築設計標準」国土交通省、2012年
(注4)「簡易型多機能便房」と呼んだのは公共交通の整備ガイドラインであるが、建築設計標準では、簡易型にした時点で多機能は失われているとして、「簡易型機能を備えた便房」と呼んできている。
(文7)「高齢者、障害者等の円滑な移動等に配慮した建築設計標準」国土交通省、2017年

表１　ニーズに対応した便所・便房と設備の組み合わせ

（◎義務、○推奨（ニーズや規模に応じて整備））

	車いす使用者対応	オストメイト対応	乳幼児連れ対応	大型ベッド対応	男女共用※1	多機能化の可能性
2,000㎡以上の特別特定建築物	◎	◎	○	○	○	原則なし
50㎡以上の公衆便所	◎	◎	○	○	○	原則なし
上記以外の建築物	○	○	○	○	○	有り※２

※１　知的障害者や発達障害者等への異性介助、高齢者同士の異性介助等に配慮し、男女共用の便所・便房を設けることが望ましい。

※２　小規模建築物、既存建築物、あらかじめ利用者が特定される用途（特別支援学校を除く学校、事務所等）の建築物に便所・便房を整備する場合に多機能化（２つ以上の機能を有する便房とすること）の可能性がある。

8-4　性的マイノリティへの対応

2015年4月に「渋谷区男女平等及び多様性を尊重する社会を推進する条例」が施行され、LGBT（注5）と略称される性的マイノリティに注目が集まるようになった。例えば身体は男性だが性自認は女性の場合、男性トイレで用を足すことは大きな苦痛となる。しかし外見が男性に見える場合は女性トイレに入ることは許されない。車いす対応トイレは男女共用であるから、ここが身体と心の性が一致しない人の受け皿となってきた面がある。

しかしながら車いす対応トイレへの利用の集中が問題視されると、外見上は障害があるとは見えない人の利用に厳しい目が注がれることになり、彼らにとって使いづらい雰囲気が強まってきた。身体と心の性が一致しない人の65%が職場や学校のトイレ利用で困る・ストレスを感じると答えており、18%が車いす対応トイレを使っているほか、5%はトイレを我慢している。しかし自由に選べるならば38%の人が車いす対応トイレを使いたいと答えて

（注5）　性には、「身体の性」だけでなく、「性自認」「性的指向」がある。「性自認」とは、自分が自身をどんな性だと思っているか。「性的指向」とは、どんな性の人を好きになるかということ。多数派とは異なる性のとらえ方の人たちを性的少数者、性的マイノリティと呼び、メディア等では略称のLGBTが用いられることも多いが、その内容は実に多様で、LGBTでは言い表すことができない人も多い。また当人たちの中にはその多様性をLGBTと記号化されることを嫌っている人もいる。

いる（文 8）ことからも、彼らのトイレニーズが充足されていないことがわかる。ここにさらに周囲からの目が厳しくなると、ますます使いづらくなってくる。

発達障害や知的障害等で、車いすは使用していないが排泄行為に介助が必要な人がいる。こういう人が外出する場合は、親などの家族が同行するケースが多く、しばしば異性介助になるので男女共用トイレが必要である。この人たちも車いす使用者に叱られないかとびくびくしながら車いす対応トイレを使っている。

こうした人たちのトイレの使いづらさに対し、2 名程度で使える男女共用トイレが考えられており、それが表 1 にある男女共用トイレである。

ただ、ここを性的マイノリティの人たちが利用するには、本人がカミングアウト（周囲にそれを伝えること）をしているかどうかが影響する（注 6）（文 9）。さまざまな事情でカミングアウトができない人は、やはり男女共用が強調されたトイレは人目が気になって使いづらいと思う可能性がある。この点でも、従来の車いす対応トイレはさまざまな人が使うがゆえに目立たずに使うことができていたのだが、車いす使用者からの目が厳しくなればなるほど使いにくくなる。車いす対応でない男女共用トイレが定着していくには、社会全体が性の多様さを理解する必要がある。

8-5 機能分散への懸念

トイレの機能分散は 2020 オリ・パラでの競技施設にも取り入れられ、メディアでも報じられて徐々に知られるようになっている。例えば新国立競技場では①利き手に配慮した車椅子使用者用トイレ、②オストメイト対応車椅

（文 8）「性的マイノリティのトイレ問題に関する WEB 調査」LIXIL、2016 年 4 月
http://newsrelease.lixil.co.jp/news/2016/020_water_0408_01.html

（注 6）（文 9）によれば、職場でカミングアウトしているのは、レズビアン（L）8.6%、ゲイ（G）5.9%、バイセクシュアル（B）7.3%、トランスジェンダー（T）は 15.8%だった。トイレや更衣室などへの配慮を求めるためといった理由が挙げられている。

（文 9）『令和元年度厚生労働省委託事業　職場におけるダイバーシティ推進事業報告書』三菱 UFJ リサーチ＆コンサルティング、2020 年 3 月

子使用者用トイレ、③多目的シート対応車椅子使用者用トイレ（注7）、④多目的シート・オストメイト付車椅子使用者用トイレ、⑤同伴者とともに利用できるトイレの5種類が示されている（文10）。また東京都が整備する競技場においては、共用部分（後述の男女別トイレ以外の部分）のトイレとして①車いす対応トイレ、②大型ベッドを付加した車いす対応トイレ、③男女共用トイレが造られ、男女別トイレ内などのトイレでは④手すり付、⑤オストメイト対応、⑥乳幼児対応が造られている（文11）。

新型コロナ感染症騒ぎで開催が1年延期になったものの、2020オリ・パラが開かれれば機能分散されたトイレが広く知られるきっかけとなることは間違いない。すでに何回かのプレイベントでは新国立競技場のトイレはおおむね好評のようであるが、それが機能分散を意識しての評価なのか、きれいだとか広いだとかといった感覚的な評価なのかはわからない。

機能分散はこれからのトイレを考える一つの社会実験だと思う。ただ私はこれがうまくいくかについて懸念を抱いている。

以前、ある大型物販店のトイレの前で利用者を観察したことがあった。そこには男女別のトイレと、その真ん中に乳幼児用おむつ交換シートを備えた多機能トイレがあった。トイレ全体の入り口には結構大きなマップが掲示してあり、男女トイレそれぞれの中に簡易型多機能便房があって、その中にも乳幼児用おむつ交換シートがあることが示されていた。にもかかわらず、観察中に何人ものベビーカー連れが来たが、みんな中央の多機能トイレを利用していた。最大、ベビーカーが3台並んだことがあったが、誰一人として男女トイレ内の乳幼児用おむつ交換シートに気づいていないようだった。

（注7）「多目的シート」とは写真2で示した大型おむつ交換シート（大人用のベッド）のことである。

（文10）「新国立競技場整備事業～もっと知っていただくために～」日本スポーツ振興センター https://www.jpnsport.go.jp/newstadium/Portals/0/briefing/20161125_briefing10_siryou_03_1.pdf

（文11）「東京2020オリンピック・パラリンピック競技会場の整備状況について」（2017年12月に開かれた日本福祉のまちづくり学会の「東京オリンピック・パラリンピック勉強会」で配布された東京都担当者のプレゼンテーション資料から）

かつてはトイレにおむつ交換シートがあるほうがまれだった。多機能トイレが登場し、そこが使えることを子育て中の人たちが学習して、今に至っている。一方で、男女別トイレの中のおむつ交換シートの整備は遅れた。その時間的な違いで人々の頭にインプットされた情報がなかなか更新されていないようだ。少子化のために今の親の多くは子育て初心者であり、また子どもの成長が早くておむつ交換シートを必要とする時期は短いことから、いろいろな経験を重ねることができていないのではないだろうか。このように利用者の視野は案外狭く、機能分散はちょっと複雑すぎないだろうか。

機能分散した後の車いす対応トイレは車いす「専用」あるいは「優先」となるのだろうか。利用を車いす使用者に絞り込むということは、利用者が減って周りの目が行き届かなくなるためにかえって長時間の不正利用を誘発する可能性がある。それは昔、施錠する前と同じ問題を繰り返すことにならないだろうか。

また子ども連れは単におむつ替えではなく、ファミリートイレとしても重宝しているのだが、そのニーズは切り捨てられないだろうか。

おむつ交換シートは、寝返りを始めたら転落の危険があり、さりとてシートベルトをするとおむつ替えがやりにくくなる。さらに作業面や物を置く場所が狭い。また近年はかなり早くからパンツタイプが使われており、おむつ交換シートに立たせての交換は、これまた危険である。実は大人用ベッドが広くて、安心して使えるという声がかなりあり、それを知っている保護者は大人用ベッドのある車いす対応便房でおむつ替えをする可能性がある。

機能分散したトイレは使い慣れることが必要で、そのお披露目が 2020 オリ・パラになるのは不運かもしれない。新設のスポーツ競技場という、日常生活とは異なる場所だから、人々はまだそこのトイレの仕組みに慣れていない。また、競技の中にはサッカーのハーフタイムのように、限られた時間にトイレ利用が集中するものがある。当然、トイレには行列ができる。並んでいる人の中には、どのトイレでもいいという人ばかりではなく、機能分散によって設けられたある特定のトイレを使いたいという人がいる。しかし自分に順番が来たときにどの便房を使うかを選べる状況ではないだろう。自分の使いたい便房が空くまで、あとの人を先に行かせることが考えられるが、自分の身体の性と性自認が一致しない人やオストメイトの中には自分がどのトイレを使うのかを隠したい人がいる。そういう人は他者の目が気になって、結局は自分に適したトイレが使えないということが起こりうる。

機能分散はさまざまな人たちが自分のニーズに合うトイレを選択する／できることを前提としている。それにはまず、ここは多様な選択のできるトイレであることを認識し、どのトイレが自分のニーズを叶えてくれるかを自覚し、そのトイレが使用中でないことが条件になる。2020 オリ・パラでは、これを日本人だけではなく、そもそも日本のトイレになじみのない外国人にも使ってもらわなければならない。そういう点で、機能分散がうまくいくかどうかはよく見極める必要があると思っている。

8-6　量の拡大が必要だ

私には障害のある知人がたくさんいる。その中の特に車いす使用者からは、最近トイレで障害のある人以外の人が使っているとの声をよく聞く。その人たちのために自分たちが待たされるのが不満なのだ。その裏には、その人たちはここでなくても使えるのにという思いがある。果たしてそれは正しいのだろうか。

先述の国交省のトイレ調査（文 4）では「車いす使用者のうち 94% が多機能トイレで待たされた経験」があるとのことだが、公共トイレで行列ができることは珍しくはない。車いす使用者でなくても待たされた経験のある人はけっこう高率だろうと思うし、女性だとほぼ 100% ではないか。国交省が公共トイレで待たされることを撲滅するという目標を掲げているのなら別だが、待たされることは車いす使用者に特有の問題ではないように思える。

「待たされたあげくに出てきたのは、子ども連れが 83%、障害者に見えない人が 71% だった」とのことで、車いす使用者は障害のある人以外の利用で迷惑をこうむっているような印象である。車いす使用者に「トイレから出てきた人が車いすを使用していなかったらどう思うか」と聞くと、みんな「ムカつく」と言う。では「トイレから出てきた人が車いすを使用していたらどう思うか」と聞くと、みんな「仕方ないと思う」と答える。つまり、車いすという外見で自分と同類かどうかを判断し、それによって気分が左右されているということである。

さらに「あそこはもともと自分たち車いす使用者のためのものだ」「本当に必要な自分たちが、待たなければならないのはおかしい」と言う。

これは自分たち以外を排除する悲しい意見である。もちろんトイレを我慢することができなくて、車いす使用者の多くがお漏らしの経験を持っていることは事実である。しかし「本当に必要」なのは車いす使用者だけなのだろうか。車いす使用者以外は必要性もないのに使用しているのだろうか。

車いす対応トイレがなかった頃、障害のある人の当事者運動は、特定の属性で社会から排除するのはおかしいと訴えて、やっと使えるトイレが増えてきた。それが、自分たちのトイレができたら今度は排除する側に回るのでは、今までの訴えと矛盾しているではないか。

「車いす使用者でなかったらムカつく」とは、出てきた人を外見で判断して言っている。「障害のある人には外見だけではわからない個別の事情がある」。これも当事者運動が訴えてきたことで、これとも矛盾している。

そうすると今まで当事者運動が訴えてきたことは、単なる自分たちのエゴだったのかと言われても仕方ないのではないか。

今や車いす対応トイレは、車いす使用者だけのトイレではない。車いす対応トイレは広いから、そして男女共用だから使われている。このことを直視する必要がある。家族連れ、補助犬ユーザー、異性介助の必要な人、トランスジェンダー、オストメイトであることを知られたくない人などにとって、欠くことのできない設備になっているのである。「どなたでもお使いください」のために問題が起きているのは事実だが、「どなたでもお使いください」だからこそ紛れこんで安心して使える人たちがいるのだ。

これだけ利用者が広がっているのに、バリアフリー法では2,000㎡以上の整備義務のある建築物には車いす対応トイレを「1以上」としている。どんなに大きな建物でも、どんな高層ビルでも「1」あればいいのだ。そして実際、そのようなビルが多いのだ。だからそこしか使えない人は、使えるトイレを求めてビルの総合案内で聞いたり（案内係も知らないことが多いのだが…)、平面図等を見つけてありかを確認し、エレベーターでそこに行くようなことを強いられているのだ。会議などでは短い休憩時間に遠くまで移動して、再開時間に間に合わなくなることもしょっちゅうだし、やっとたどり着いたトイレに先客がいればさらに遅れる。それが嫌なら混雑する休憩時間を避けて、トイレのために途中で抜け出したりしなければならない。

惨めである。これは法によって作り出された惨めさである。法を作る人たちはこの惨めさを理解しているのだろうか。こんな無神経で貧しいトイレの規定のためにトイレ難民にさせられた人たちが、排除したり、されたりして「貧者同士の奪い合い」をさせられていることが異常なのではないだろうか。

絶対数が足らないのだ。

機能分散について、私は特に反対の立場ではないが、しかし、それより先に数を増やすことのほうが根本的で必要な解決方法だと思っている。日本のトイレは世界から称賛されている。確かにきれいで海外のトイレの上を行っていると思う。その日本で、できたばかりの超近代的な高層ビルであっても、トイレを求めてエレベーターで何十階も移動しなければならないほうが私には異常に思える。

しかしながら、国交省は機能分散には熱心なのに、なぜか車いす対応トイレを増やすことには触れないのだ。

8-7　ニーズに応えているか

機能分散はトイレニーズに合った設備を提供しようとする考え方であるが、トイレを不適切に使っていると非難されている人たちに対して、建築物は何ができているのだろうか。

「便所飯」という言葉があるくらいだから、トイレで食事をする人がいる。ある企業の便房では「ここで昼寝をするな！」と書いてあったから、便座に座って居眠りをする人もいるのだろう。他にも着替えをしたり、化粧をしたり、一人の時間をまったり過ごしている人もいるようだ。建築物が人としての暮らしや活動を覆うものであるならば、これらのことも人としての暮らしや活動であり、それらに対して建築物は、あまりにも冷淡ではなかったか。

人が社会生活を送るうえでは、集まるということは必要だし、便利で効率的な面もある。しかしトイレの使われ方を見ていると、「一人になれる場所」としてとても貴重な役割があるのだと思う。それはただ仕切りで視線を遮るだけではなく、音や外界からの刺激から切り離してくれるところであり、そういう点では多機能トイレは魅力的なのだろうと思う。そんなニーズのしわ寄せが多機能トイレに集まっていると考えると、機能分散だけでは答えにならないのではないかと思う。

海外のある空港には無料の仮眠コーナーがあって、もちろん空港だから乗り換え待ちという特有のニーズがあるにしても、けっこう多くの仮眠コーナーが埋まっていた。そこを利用している人たちは、ただ眠っているわけではなく、本を読んだり音楽を聴いたり、リラックスしていろいろに使っていた。

こういった場がないためにトイレが代替されているとしたらとても貧しいことだし、建築として積極的に解決すべきことではないかと思う。設計者には、今までの建築では気づいてこなかったニーズがトイレに隠れていることを知ってほしいものである。そしてそれはトイレ以外の場で解決可能である部分もあるはずだ。

トイレはプライバシーに関わることだから、ここを使うべきだとか使うべきでないとか、当人以外が一方的な見方でフィルターをかけて排除することは避けなければならない。人を排除する側に回った瞬間に、これまで障害のある当事者運動が長い時間をかけて積み上げてきたものは簡単に崩壊する。排除ではなく、包み込む、インクルーシブなアクセスを目指す必要があるのだ。

第９章
新幹線の車いす席

新幹線は 1964 年の開業以来、重大事故を起こさず、世界から高く評価されている。しかしアクセシビリティに関してはかなりレベルが低いと言わざるを得ない。それは設備の面でも、予約システムの面でも、である。

9-1　設備上の問題

東海道・山陽新幹線では、指定席車両である 11 号車に 1 席分の車いす席がある。新幹線の席は 3 席 - 通路 -2 席の配置だが、車いす席については通路側の 1 席が撤去され、2 席 - 通路 -2 席となっている（写真 1）。車いす使用者はこの広くなった通路部分に車いすを寄せるのだが、新幹線の 1 席分よりも車いすの幅が広いので、通路に出っ張ることになる。そのために車内販売のカートがぶつかったり、キャリーバッグが引っかかったりで、車いす使用者はそのたびに衝撃を感じて不快だし、それ以上に相手に気兼ねすることが心理的に負担となっている。また車いす席は出入口そばにあるので、体を動かすたびに自動ドアが開いて、これも気になる。

新幹線が走り始めた頃は、これでも先端の設備だった。当時、車いすはまだ珍しく、電動車いすはほとんど使われていなかった。車いす使用者は固定座席に乗り移り、車いすは折りたたむという想定でこのような設備となっていた。しかし近年は電動車いすが多くなり、また固定座席に乗り移らずに車

写真１　11 号車の車いす席

いすに座ったままでいたいという人が増えており、この設備は利用実態と合わなくなっている。また車いす使用者の利用が増えていて、1列車に1カ所だけというのでは数が不足しているという声もある。

写真2　台湾高速鉄道の車いす席

写真3　韓国高速鉄道の車いす席

例えば日本の新幹線の技術を導入して700系と同様の車両が走っている台湾高速鉄道では、車いすに座ったままでいられる席が2、一般席に乗り移る席が2の、計4席が準備されている（写真2）。また私が乗った韓国高速鉄道は、そのエリアの固定座席をすべて撤去して、非常にゆったりとしたオープンスペースとなっていた（写真3）。

バリアフリー法では、「客室には、…車椅子スペースを一列車ごとに二以上…設けなければならない。」（文1）（注1）と定められており、2020年7月から東海道・山陽新幹線に投入開始されたN700Sでは車いす席を2席に増やしたところだった。しかし通路を気にしながら詰め込まれた席で、私が見た台湾や韓国の高速鉄道からすればはるかに劣っている。

今、東海道・山陽新幹線を走っているN700系の車いす対応トイレは車いす席のある11号車にあり、ひょうたん型の平面をして、狭い中に腰かけ式

（注1）もともとは「車いすスペースを一列車ごとに一以上設けなければならない」であったが、2018年3月に改正された。現在走っている車両のほとんどはこの法改正以前のものであるから、車いすスペースが1カ所となっている。

（文1）「移動等円滑化のために必要な旅客施設又は車両等の構造及び設備に関する基準を定める省令」第32条

便器、オストメイト用汚物流し、おむつ替えシート等を備えた多機能トイレである（写真4）。これはそれ以前の新幹線に比べれば大きくなってはいるが、前方真正面からの使用しかできず、車いす使用者に多い便器に90度の角度からのアプローチはできない。また介助を受ける人の場合は、介助者の居場所が取れない狭さである。これに比べ台湾高速鉄道の車いす対応トイレ（写真5）は便器の正面からも側方からもアクセスができるスペースがあり、使い勝手のうえで雲泥の差がある。

新幹線には車いすで使える場所がもう1カ所ある。多目的室である。これは東海道・山陽新幹線とJR東日本の新幹線で運用が異なっている。JR東日本では気分の悪くなった人のためにふだんは空室としているので、この部屋への予約は入れられない。一方、東海道・山陽新幹線では空いていれば予約を受けてくれる。東海道山陽新幹線の多目的室（写真6）には2人掛けの席があり、必要に応じて簡単に広げてベッドにすることができる。そして、この部屋にはなんと折りたたみのパイプいすが備えてある（写真7）。同行者が座れるようにということだろうが、時速300kmで走っている新幹線で、

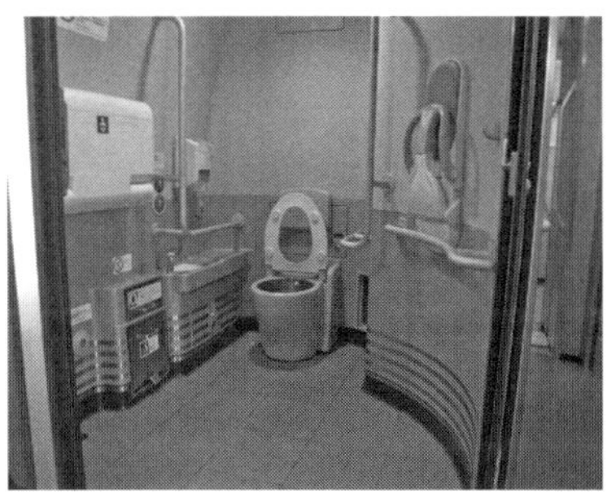

写真4　N700系の車いす対応トイレ

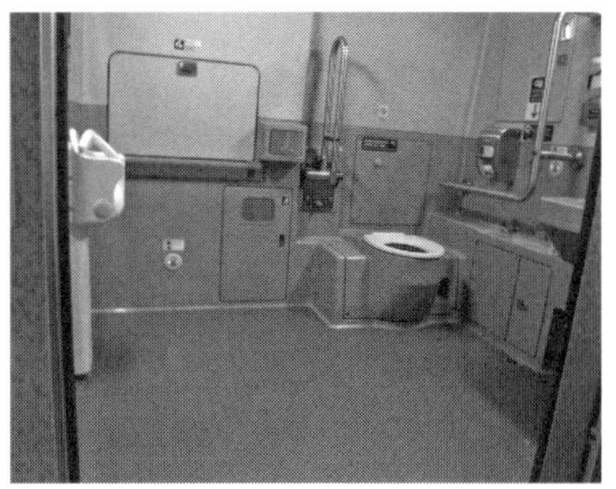

写真5　台湾高速鉄道の車いす対応トイレ

写真6　N700系の多目的室

写真7　多目的室のパイプいす

同じ指定席料金を払ってこの席を買っている同行者に、床に固定されていないパイプいすとは…。

N700が新型としてデビューしたとき、これまでの新幹線とどこが違うのかとワクワクしながらの初乗車。そこで見たのはこのパイプいす…。私は言葉を失った。

9-2 チケット予約上の問題

車いすの指定席は、車いす使用者以外からの予約が入らないように前日までブロックされている。車いす使用者は、前日までは席を取りやすいのだが、これはその列車に1席しかないのだから理解できる仕組みである。当日になると一般客にも販売されるので、事情に詳しいベビーカー連れの中には、そのチャンスを活用している人もいると聞く。しかしながら、もう一つの制限として車いす席は2日前までに申し込めというのがあるから、車いす使用者が当日に席を求めたら（たとえ空いていたとしても）取らせてもらえない可能性がある。本書の冒頭で述べたエピソードは、まさにこういった事情から起こったのである。

JR各社はマルス（MARS）という共通の予約システムを持っていて、これのおかげでみどりの窓口や券売機から短時間で乗車券を入手できるわけだが、車いす席はこのマルスのシステムから外されていて、窓口で購入を申し込んでから発券までものすごく時間がかかる。特に東海道－山陽－九州といった具合に他社線につながっていく場合には余計に時間がかかり、最近は少しは早くなってきたが、かつては数時間かかることもあった。待たせているということに極めて鈍感で、相手が障害のある人だとよけいに鈍感になるようである。

これについては乗降時の介助の手配などにいちいち電話で各駅の確認を得るのに時間がかかるなどと説明されており、ICT（情報通信技術）システムの不備としか言いようがない。例えば東急電鉄では「バリアフリー連絡アプリ」を導入して、駅員のスマホで乗り継ぎ駅や降車駅までの連絡を行っている（文2）。JRだってICTを導入して、例えばスマホで簡単に予約できてチケットを買わずに乗ることができるサービスを行っている。JRは「カンタン」と言っているが、当然のように車いす席についてはこのサービスは使えない。車いす使用者も「他の者との平等」も眼中にないのであろう。

以前、都内の、新幹線は通っていないが指折りの大きな駅のみどりの窓口で半月先の新幹線の席を申し込んだ。その日は翌朝の海外出張に備えて成田空港近くのホテルに泊まる予定で、時間は十分見ていたが2時間以上待たされることとなった。だんだんと窓口が閉まる時間が近づいてくる。目の前の係員は奥に入って出てこなくなり、時間がかかる理由の説明もなく、いくつかあるカウンターのシャッターは徐々に閉まり始め、私は一人待たされ続けた。ついに、その日のうちに成田方面に行くのにぎりぎりの時間になったために、私は券の入手を諦めて成田に向かった。1週間後に帰国しての帰路、改めてその窓口に行き、やっと乗車券を手に入れたのであった。

またこれも以前、やはり都内の、新幹線は通っていないが大きな駅のみどりの窓口。その日は私に用事があり、家人に障害者手帳を託して買いに行ってもらった。すると窓口は「今日は忙しいので明日また来てほしい」と追い返したのである。帰宅した家人から話を聞いて抗議の電話を入れたら、担当者と上司が詫びに来た。抗議されたから来たのか、本当に悪いことをしたと反省して来たのか、話が広がるとまずいと思って来たのか、そもそも、なぜ追い返すようなことをしたのか。客とは全く思っていないということの証左のように私には思える。

最近は、新幹線の席はスマホからも予約ができるが、車いす席はそれができない。ただ、電話による予約は可能である。しかし、本当に障害がある者かを確認することと、乗車当日に時間的に切迫することを防ぐために、必ず乗車前日までに窓口で購入することを求められる。片やスマホで予約をしておけば乗車券がなくても乗れ、列車によっては割引まで受けられるサービス（注2）があるというのに、車いす使用者は移動に困難があるがゆえに、1回

（文2）「第13回　国土交通省バリアフリー化推進功労者大臣表彰～表彰者の取組概要～」国土交通省、2020年1月21日
https://www.mlit.go.jp/report/press/content/001324305.pdf

（注2）　JR東日本の「えきねっとチケットレスサービス」では2020年3月14日から9月30日まで割引キャンペーンを行っていた。

乗るのに事前と当日と2回駅に行くことが求められるのである。なぜ車いす使用だとことさらの不便を強いられなければならないのか。

9-3 指定席以外は？

新幹線についてはもう一つ、障害のある人が不平等だと長く訴えてきたことがある。新幹線には自由席やグリーン席もある。特に自由席に乗れるようにしてほしいという車いす使用者からの声は強い。

新幹線の自由席には、一部を除いて車いすを想定した席はない。さらに出入口の扉が狭いので、多くの車いすは自由席車両に乗り込めない。それでも自由席料金で乗りたいと思えば、指定席の車いす対応席がある11号車（東海道・山陽新幹線）に乗り込んで、デッキにいるしかない。デッキは狭いから、通行する人があるたびに気をつかい、駅に着くたびに乗降客の邪魔にならない場所に移動しなければならない。それでも指定席代金を浮かせるために、この扱いに耐えながら乗っているのだ。そもそも自由席がないというだけでも差別的なのに、自由席券で乗ってからも他の乗客と対等な扱いを受けられない。ちゃんとした席を作ってほしいというのは当然の声であろう。

また権利条約に言う「他の者との平等」の観点からすれば、東海道・山陽新幹線のグリーン車に車いす席がないのも問題である。

ある駅から新幹線の車いす指定席がある車両に乗り込んだ。同じ駅からもう一人、車いす使用者が同じ車両に乗り込んだ。珍しいことだが、JR側の手違いで車いす用指定席のダブルブッキングだった。私にも相手にも、どちらにも落ち度はないが、私が譲り、デッキにいることでひとまず発車。車掌が謝罪してきて、次の駅でグリーン席に移っていただきますと言う。はて、グリーンに車いす席はないはずだがと思いつつ、車掌の言うことだから従うことにして、次の駅で下車。急いでグリーン車両に移動して乗り込んだ（私の車いす幅はぎりぎりで乗り込むことができた）が、やはり車いす席はなかった。車掌は重ねての失態に平謝りで、次の駅で降りて後続に乗り換えてくれないかと頼んできた。幸い、時間に余裕があったので、後続に乗り換えた。車掌でさえグリーン車に車いす席がないことを知らなかったのだ。

9-4　現段階までの進展

■ 9-4-1　既に行われた改善

2020 オリ・パラで多くの外国人がやって来ることに対して、積年の問題を解決すべく、新幹線を巡る状況が激変している。

国交省の「新幹線のバリアフリー対策検討会」は、2020 年 8 月に「新幹線の新たなバリアフリー対策について～真の共生社会の象徴として～」（文 3）を発表した。そこでは「東京大会のレガシーとして、『真の共生社会』の実現に向け、新幹線のバリアフリー化はその象徴となるべきものである。…世界最高水準のバリアフリー環境を有する高速鉄道の早期実現を目指す」として、「速やかに実施する対策」、「新たな新幹線車両の導入時など中長期的に取り組む事項」と「早期実現に向けた取り組み」について述べている。

なおこれらの取り組みの前段階として、以下の 3 点の改善を既に行っている（文 3）。

① 2020 年 3 月 14 日：これまで運行当日には車いす席のブロックを外して一般客にも販売していたが、当日も一般席として販売せず車いす使用者用として確保する。

② 2020 年 4 月 20 日：車いす席の予約について 2 日前までの申し込みを求めない形に変更した。（5 月号の時刻表から）

③ 2020 年 5 月 11 日：車いす席の予約はこれまで電話や窓口での申し込みが必要であったが、すべての新幹線においてウェブによる申し込みを可能とした。

②については新幹線だけではなく在来線に対しても適用されるとのことなので、末端までの周知が行き届けば、もう本書の冒頭で書いたようなエピソードは起こらないことになる。実は冒頭のような経験は一度や二度ではなかった。それがなくなるのであれば大歓迎である。

（文 3）「新幹線の新たなバリアフリー対策について～真の共生社会の象徴として～」新幹線のバリアフリー対策検討会、2020 年 8 月 28 日
https://www.mlit.go.jp/tetudo/content/001361005.pdf

③についてはJR各社の連名で文書が公表されており（文4）、そこに各社のサイトが案内されているが、これは単なる「申し込み」のサイトでしかない。各社とも、一応ウェブからの申し込みはできるようになったが、申し込み後にJR側で（おそらくアナログ的に）予約作業を行い、結果を電話で知らせてくる。それを受けて「ご購入駅」としてこちらが決めた駅に出向いて事前に購入する、という手順である。これではこれまで電話で予約を入れていたのと大差はない。さらにこの申し込みは「乗車の1カ月前から3日前までお申し込みいただけます」とされているから、せっかく②のような改善がなされたのに前に進んだ感じがしない。

またこの申し込みはJR各社のそれぞれの管内の駅から出発する場合に限られている（注3）から、一つのサイトに行けば全国をカバーしてくれているといったものではない。国は「複数の新幹線を跨いだ行程にも対応するため、各新幹線のウェブサイトを相互に参照できるよう設定した」（文3）としているが、各社のサイトの仕様に共通性はなく、相互を参照するリンクの表示もばらばらで、会社によっては非常に見つけにくいものもあり、積極的に使いたいという気持ちになれない仕組みである。後述する「車椅子用フリースペースに対応したウェブ予約システムの導入」が待たれる。

■9-4-2　速やかに実施する対策

以上が前段階としての改善であるが、（文3）による今後の新たな対策は以下のようなものである。

(1)「車椅子用フリースペース」の導入

車いすのタイプやサイズは極めて多様であるので、車いす席はストレッ

（文4）「全国の新幹線等の『車いす対応座席』インターネット申込みの受付開始について」JR各社、2020年5月8日
https://jr-central.co.jp/news/release/_pdf/000040460.pdf

（注3）　新幹線を持たないJR四国では「本ページでのお申し込みはJR四国（高松・坂出駅）から出発され、岡山駅から新幹線に乗り継いで東海道・山陽・九州新幹線の駅に降車される場合に限ります。その他のJR各社の新幹線をご利用される場合は各社ホームページをご覧ください」としている。
https://www2.jr-shikoku.co.jp/02_information/care/wheelchair_apply/index.html

チャー式にも対応できるように、固定席を取り除いたフリースペースとし、その数はIPCガイドで示された車いす席の数、0.5%をもとに算定された（表1）。東海道・山陽新幹線を走るN700Sの場合と東北、北海道新幹線を走るE5・H5系等の配置例を図1・2に示す（文5）。両図の客室外にある曲線に囲まれた部分は多目的室である。

表1　車いすスペース数

1編成あたりの座席数	車いすスペース数	備考
1000席を超える場合	総座席の0.5%以上	
500～1000席	5席以上	多目的室を含む
500席未満	4席以上	

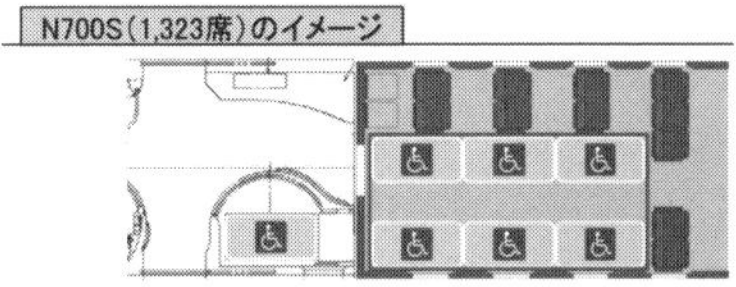

図1　N700Sの場合

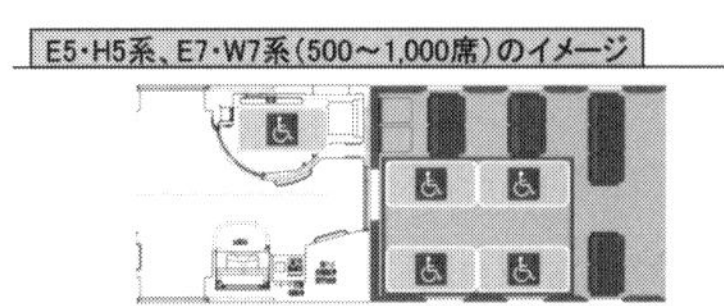

図2　E5・H5系等の場合

N700Sの場合で見ると、図1の多目的室そばの自動ドアから客室に入り、右側に席を取れば車いすに座ったままで車窓から外を楽しむことができる。左側は、車いすに座ったままでもいいし、隣の席に移乗もできる。さらにその隣には同行者も座ることができる（注4）。車いすが進行方向に3台並ぶスペースがあるので、ストレッチャー式の場合は2マスを充てることができる。

この配置については実際の新幹線を使っての実験が行われ、私はN700Sを用いた検証の場に参加することができた。これまでの車いす席は客室に入るところの自動ドア近くにあったためにしょっちゅうセンサーに引っかかって非常に居心地が悪かったが、今回はセンサーの感知範囲が注意深く設定されており、不快感はかなり改善されていた。

（注4）「隣の座席へ移乗する方と移乗しない方の割合は概ね1：1であり、車椅子使用者の約7割に介助者等が同行している」（文3）。

（文5）「新幹線の新たなバリアフリー対策について（「新幹線のバリアフリー対策検討会」におけるとりまとめ）」国土交通省、2020年8月28日
https://www.mlit.go.jp/tetudo/content/001367901.pdf

また「車椅子用フリースペースに対応したウェブ予約システムの導入」として、「既存の車椅子対応座席について車椅子用フリースペースの整備を待たず」、「ウェブ上での予約・購入を試行的に実施し、使い勝手のよいシステムの導入に向けて」検証を行うとしている（文3）。

(2) 現在の車椅子対応座席等の予約・販売方法の改善

車いす席を買うのに窓口でひどく待たされるというのは、新幹線を利用したことのある車いす使用者ならたいていは経験させられていることである。「みどりの窓口」の行列に並んでやっと自分の順番になり、空いたカウンターに行く。そこからが長いのである。他のカウンターの客はどんどん回転しているというのに、自分だけ待たされている。どれだけ待たされるかは、そのときによるから予想できない。以前、あまりに待たされるので、1時間後に来るからと言って離れようとしたら許してもらえなかったこともある。この待ち時間にやっと改善の風が吹き込むことになりそうである。

また先述したウェブ申し込みの改善も行っていくようであるが、単なる申し込みではなく、ウェブ上で予約が完結し、発券を受けなくても乗れる仕組みに向けてシステムを作っていただきたいものである。

■9-4-3　新たな新幹線車両の導入時など中長期的に取り組む事項

（文3）では今後、特に新型新幹線車両へのフルモデルチェンジのタイミングなどに、車いす用フリースペースをグリーン車や自由席等に拡充することを検討するとしており、そのために、車両ドア幅や車いす対応トイレの配置、駅ホームドアのレイアウト変更等の検討をあわせて行うと述べている。

また現在は授乳室としても利用されている多目的室の利用環境を改善して車いす使用者の利便性を向上するために、授乳室を整備することなどを検討する。また、車いす対応トイレを介助者と共に使用できるように、仕様等について検討するとしている。

日本の新幹線はビジネス客や通勤客など日常の足として使う客が多く、運行頻度も輸送密度も極めて高い。上述のような変更を行うと座席数が減少することになるので、収益面からだけで見ればJRとしては好ましくはないだろう。そういった中でのこの改良である。それが時代の要求だと言える。

■ 9-4-4　今後の取り組みなど

東海道・山陽新幹線の新型車両であるN700Sは、2020年7月1日から既に走り始めており、まだ6席分のフリースペースにはなっていない。全車がこのような仕様になるには時間がかかる。しかし方向性は確定しているので、これらを法やガイドラインに反映する必要がある。

今回のこの取り組みでは、国交省は「新幹線のバリアフリー対策検討会」を設置し、鉄道各社と障害者団体の代表が意見を交換する場を設けた。その背景には、2020オリ・パラを契機に、新幹線を世界最高水準のバリアフリー環境を有する高速鉄道にしたいという国交省の思いもあった。

（文3）で国交省は、「障害者団体、鉄道事業者間のコミュニケーションの充実」を掲げており、今後生じてくるさまざまな問題に対して、相互が対等な形で意見交換できる場が継続されることは極めて有効である。こういったコミュニケーションを「新型車両の設計時にできる限り反映させる」（文3）としているが、新幹線に限らず、権利条約の採択に向けて交わされた“Nothing About Us Without Us”（私たち抜きで私たちのことを決めるな）が基本であるという認識が必要である。

9-5　予約システムについて

こうして、新幹線の車いす席は徐々に増えていき、今までよりもはるかに利便性が高まるだろう。しかし、これまでの実態から言えば、すべての列車で車いす席が全部埋まるというまでには、まだ時間がかかるものと思われる。年末年始の混雑時にここだけが空席なのは違和感がある。また窓口発券であれば障害者手帳の確認ができるが、それを省くとしたら車いす使用者以外の人が乗る「なりすまし」をどう防ぐかも課題である。

私はここを車いす席と限定するのではなく、もう少し幅広い人を対象として活用してはどうかと考えている。この席の特徴は何と言っても広いスペースだから、広さが必要な人のための席として考えてはどうかという提案である。具体的に言えば、車いすの他に、歩行器や、よく高齢の人が使っている

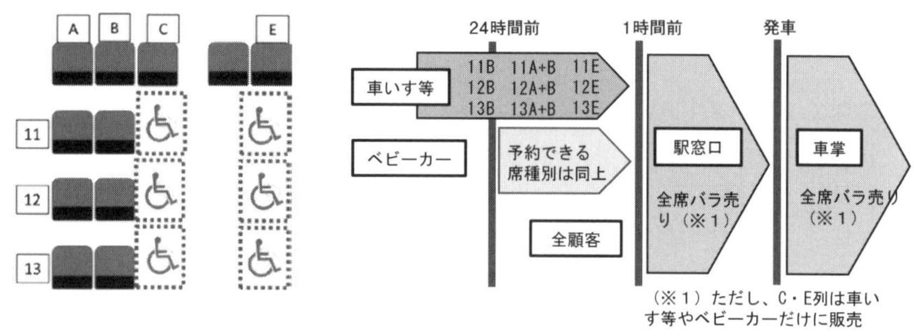

図3　席の配置図　　図4　席販売の仕組み図

シルバーカーと呼ばれる手押し車のような移動を補助する器具を使う人、折りたためないベビーカーの人などである。この人たちは一般席に乗り込む際にはその器具をどこに置くかで困った経験を持っている。人によっては混んでいない時間帯を選んで乗っている人もいるだろう。こういった器具と一緒に乗る人の席ということであれば「なりすまし」は防ぐことができる。障害者手帳の確認も不要だから、外国人にも適用できる。それでもなりすましている人は、車掌の権限でその席から追い出すこととし、それを十分周知すれば有効なのではないだろうか。

席のブロックにしても、2020年3月14日に運行当日も一般席として販売せず車いす使用者用として確保するという運用に改めたばかりだが、これだとこれまでそのブロック解除の隙間を利用して席を取ってきていたベビーカー連れの人が困る。例えば発車24時間前まではもっぱら車いす等（車いす、歩行器、シルバーカー等）の移動補助具を使う人とその同伴者の席として販売し、24時間を切ったらもちろんこの人たちは継続して予約できるが、それに加えてベビーカーにも解禁する。1時間前からは予約はできなくなり、全顧客に対して駅窓口での直接販売（ただし固定席のないフリースペースは車いす等やベビーカーだけに販売）とし、それでも空席があれば発車後は車掌が全顧客に販売するといったような運用が考えられる（図3・4）。できるだけ多くの人にこの席の利点を活用してもらう柔軟な運用が必要である。

フリースペースが整備され、予約のやり方が見直されれば、これまで車いす使用者が受けてきた「他の者との平等」でない扱いが大きく改善されることになる。これは赤羽一嘉国土交通大臣が車いす使用者であるれいわ新選組の木村英子氏への国会答弁でこれまでのやり方を強く批判したことがきっかけである（文6)。これまで障害のある人が長年にわたって訴えても頑として動かなかったことが、リーダーのひと声で変わり始めたのだ。やらないためにできない理由を並べ立てることから、いかにしたらやれるかに発想を変えるだけで、できるようになることがたくさんある。ことにわが国の公共交通関係では「attitudinal（態度、姿勢に関する）な問題が目立つ」と指摘されている（第10章参照）のだから、関係者のものの考え方を変えていくことが極めて重要で、その根本には「他の者との平等」を標榜する「権利条約」があることを強く認識する必要がある。

9-6　指定席以外、新幹線以外は？

（文3)は「新幹線の新たなバリアフリー対策…」と言っているように、新幹線についてである。しかし本書の冒頭で述べたことは在来線の特急の話である。新幹線で起きていることは在来線でも起きているのだ。新幹線は花形だから注目度も高いし、さまざまな改善も真っ先に取り入れられるが、在来線は目立たないし車両の更新にも時間がかかり、改善も遅くなる。

（文3)が言っていることは新幹線で終えることではなく、まずは新幹線からという戦略だと考えたい。特に、在来線における設備面での改善は少し時間がかかるかもしれないが、予約システムの面では新幹線と在来線を区別する必要はないと考える。

ともかく、（文3）で発表されたことはどれも大きい変化であり歓迎すべきことである。これらは当然のように外国人にも適用されるものとなるだろう。世界的に非常に成熟していると評価されるわが国の鉄道が、権利条約のような国際的な価値観を取り入れてさらに成熟することを期待したい。

（文6）「新幹線車いすスペース予約必要　国交相『JRけしからん』」毎日新聞、2019年12月4日

第10章
ハンドル形電動車いすに対する差別

バリアフリー法はさまざまな問題を抱えながら、それでも少なくともハードの整備は進んできた。しかしこの「進歩」の中でずっと人権を踏みにじられ、置き去りにされてきた人たちがいる。ハンドル形電動車いす使用者である。

私はこの人たちこそ日本の鉄道において最もひどい扱いを受けていると思っている。

10-1　ハンドル形電動車いすに関する問題

仮に、あなたが東京に住んでいて親が大阪に住んでいるとする。もしも今、親が危篤だと連絡が入ったら、あなたはどうするだろうか。

多くの場合は、新幹線で大阪に駆け付けるだろう。東京駅から新大阪までおよそ2時間半。気は焦るかもしれないが、これが最速の方法だろうし、誰もが使える一般的な方法だろう。

しかし現代の日本で、ハンドル形電動車いす（写真1）使用者は、ついこのあいだまで新幹線に乗ることを許されていなかった。彼らは新幹線のみならず、特急や急行にも乗せてもらえなかったから、危篤の親を案じながら10時間もかけて大阪に向かうしかなかったのである。

新幹線だと東京－大阪の日帰りは普通のことだ。しかしこの人たちは、そういったあたりまえのことが許されてこなかった。ということはビジネスの戦力として評価されないから、就職にあたっても大きな不利になってきたということである。

車いすは手動と電動があり、電動車いすはジョイスティック形とハンドル形に分類される。ジョイスティック形とは多くの人が車いすと聞けば連想する形のもので、ハンドル形とは三輪または四輪の車いすの前方にある自転車のハンドルのような部分で操作するものである。道路交通法上は歩行者扱いなので免許はいらず、「シニアカー」、「電動スクーター」などとも呼ばれているように、操作のやりやすさから、障害のある人だけではなく高齢の人がちょっとした外出に用いる乗り物としても使われている。

写真１　ハンドル形電動車いす

道路交通法では「原動機を用いる身体障害者用の車いす」について、長さ120cm、幅70cm、高さ109cmを超えないこと、時速6kmを超えないこと等が定められており、基準に合致したものは歩行者としてみなされるが、ジョイスティック形とハンドル形の区別は特に定めてはいない。「障害者総合支援法」では、「障害者等の身体機能を補完し、又は代替し、かつ、長期間にわたり継続して使用されるもの」等として「義肢、装具、車いす」等が「補装具」とされているが、ここで言う車いすにはハンドル形も含まれている。また「介護保険法」で貸与される「福祉用具」に電動車いすも含まれているが、ここでもジョイスティック形とハンドル形の区別はない。

このようにジョイスティック形とハンドル形は区別なく扱われているわけだが、このハンドル形が交通事業者から嫌われているのである。もともと車いす全体が歓迎されているとは思えないのだが、車いすの中でも少数派で対応しづらいハンドル形に特にしわ寄せが行っているように思える。

10-2　排除の根拠

国は「交通バリアフリー技術規格調査研究委員会」を立ち上げ、2003年3月に報告書が発表された（文1）。そこではハンドル形の問題として、ジョイスティック形に比べて小回りが利かない、持ち手や押す場所がなく介助がやりにくい、といったことが挙げられている。日本の駅のプラットホームや車両は狭いので、回転に広い場所を必要とするハンドル形は扱いにくいということであろう。また、特に障害があるわけではないが日常の便利な移動用具として使っている人が、このまま電車やバスに乗り込んでくることを防ぎたいとの気持ちが背後にある。

（文1）ではそれへの対応として、小回りが利き介助しやすい製品の開発がなされるまでの当面の対応として、「利用者の属性に関する条件」と「鉄道駅・車両の整備状況の条件」が示されている。

「利用者の属性に関する条件」として、補装具制度によりハンドル形電動車いすの判定を交付されている障害者の利用に限定する（その前提として当人が障害者手帳を持っている：川内記）。駅係員が補装具として給付されたハンドル形であることが確認できるよう、利用者には補装具交付決定通知書等を携帯し、提示してもらう。

「鉄道駅・車両の整備状況の条件」として、駅がバリアフリーになっていなければ不可（ただし鉄道事業者の判断で可もあり）。エレベーターやスロープがある、ホームにハンドル形が余裕を持って乗降できるスペースがある、バリアフリールート上に狭いところや曲がりにくいところ（1.2m幅以下など）がない、車両内部が広い、混雑時に利用しない、といった場合は可となるが、「個別の駅の利用の可否については、事業者の判断に委ねる」とされている。

（文1）　国土交通省「交通バリアフリー技術規格調査研究報告書」2003年3月

（注1）　大阪法務局から2004年12月16日にJR東海に出された「ハンドル形電動車いすを使用する障害者に対する鉄道施設利用拒否に関する件」の勧告では以下のように述べている。

「身体障害者福祉法又は児童福祉法に基づき補装具としてハンドル形電動車いすを給付されこれを使用している身体障害者について合理的な理由がないのに、一律、貴社所有・管理に係る鉄道施設（車両を含む。）の利用を拒否する取扱いすることとし、平成15年12月19日ころ…以降、同取扱いを継続し、もって上記補装具としてハンドル形電動車いすを給付されこれを使用している身体障害者に対し、不当な差別的扱いをしたものである」。

「…わが国有数の鉄道事業者である貴社が、ハンドル形電動車いすの利用に供する上で機能上支障のない鉄道施設を有し、他の鉄道事業者に比し特段困難な事情があるとは認められないのに、貴社所有・管理に係る鉄道施設全般にわたって、一律に、ハンドル形電動

「利用者の属性に関する条件」で福祉制度による交付に限定されたということは、日本の福祉制度でカバーされていない外国人は自動的に排除されているということである。現代の日本がインバウンド需要を重要な成長戦略としており、また2020オリ・パラで多くの外国人を「おもてなし」の心で迎えようとしているということから考えると、何とも時代錯誤な考え方である。もちろんこの報告書が出された2003年時点でも、外国人を自動的に排除する考え方が差別的であり不適切であったことに変わりはない。

ともかく、こうした条件のもとで可となるにしろ不可となるにしろ、最終的には鉄道事業者が判断するということであり、現実には、ほとんどのハンドル形車いす使用者が利用を拒否されていた。特に批判を浴びたのはJR東海で、その拒否は新幹線、在来線の全線で徹底していた。このことについて大阪法務局は2004年に改善の勧告を行い（注1）（文2）、それを受けて「JR東海は、在来線に限って乗車取り扱いを開始したが、在来線特急や新幹線の乗車拒否は改めず、JR東日本も同様の運用をしていた。また、従来乗車できていたJR西日本の山陽新幹線も、東海道新幹線と運転指令が統一された後は、乗車を認めなくなった」（文3）。このことからわかるのは、ある線引きが行われると、その線引きを根拠としておおっぴらに次の差別が始まるということである。これを止めるには関係者の倫理意識が不可欠であるが、残

車いすによる鉄道施設の利用を拒否するという取扱いを決定し、現在に至るまで長期間、新たな検討・取組をすることなくそのような取扱いを継続しているというものであって、貴社の行為は、ハンドル形電動車いすを日常の移動のために必要不可欠なものとして使用している障害者に対する不当な差別的取扱いに当たり、重大な人権侵害行為である。

よって、貴社におかれては、早急にそのような不当な差別的取扱いをやめ、上記報告書の提案及びハンドル形電動車いすによる鉄道施設の利用を認めている他の鉄道事業者と同程度にその利用を受け入れることはもとより、更にハンドル形電動車いすを日常の移動のために必要不可欠なものとして使用している障害者の鉄道施設の利用をより広く受け入れるための検討・取組を行い、障害者に対し、社会を構成する一員として社会、経済、文化その他あらゆる分野の活動に参加する機会の付与に協力するとともに、ノーマライゼーションの理念の実現に向けて、一層の努力をされるよう勧告する」。

（文2）　大阪法務局からJR東海への勧告「ハンドル形電動車いすを使用する障害者に対する鉄道施設利用拒否に関する件」2004年12月16日

（文3）　山名勝ほか「ハンドル形電動車いす乗車拒否問題とは何か」『日本福祉のまちづくり学会第14回全国大会概要集』、2011年8月

念ながら一連の経緯を見ると、そのようなものは期待できないようである。

1964年の東京オリンピックが開かれたときに新幹線は開通し、それ以降、日本国民に多くの利便を提供してきた。しかしハンドル形使用者はそれを享受させてもらえず、国はそれを裏書きするかのような制度を作ったのである。

10-3 若干の拡張

2003年の報告書から5年後に制度の見直しが行われ、2008年3月に「ハンドル形電動車いすの施設利用等に係る調査研究報告書」が出された。そして以下の諸点が加えられた（文4）。

①一部のハンドル形電動車いす（注2）において、東海道・山陽新幹線のN700系と同程度以上の車いす留置スペース（多目的室を含む）、車いす対応トイレ、通路幅を有するデッキ付き車両（注3）での利用。

②介護保険制度により真にハンドル形電動車いすの利用が必要として判定がなされ貸与されている者を対象。

③段差が解消されている駅であってもハンドル形電動車いすによる利用ができない場合は、その理由を利用者に情報提供する。

対象者に介護保険で貸与された者が加わったが、外国人や自費購入者が「制度として」排除され続けることに変わりはなかった。また乗れる車両として「東海道・山陽新幹線のN700系と同程度以上」という具体的な記述が入ったが、これによってそれ以外は拒否してもいいという線引きがかえって明らかになり、差別、排除のぬかるみはどこまでも続くこととなった。

10-4 ジューン・ケイルス事件

2010年12月、アメリカ人でハンドル形使用者であるジューン・ケイルスは日本の団体から招かれて来日。東京での仕事を終え、帰国前に京都に行こうと、JR新宿駅で東京駅から京都駅までの新幹線を夫と2人分予約した。

（文4） 国土交通省「ハンドル形電動車いすの施設利用等に係る調査研究報告書の概要」2008年3月
（注2） 外形寸法や運転性能に規定が設けられた。
（注3） 具体的には通路幅が900mm以上でドア幅800mm以上を想定している。

ところが東京駅のJR東海の新幹線改札口で駅員ら12人に囲まれて乗車を拒否された。彼女のハンドル形車いすは特に大きなものではなかったが、駅側は彼女に手動車いすを貸し出すからハンドル形は東京駅で預かると提案してきて、彼女は拒否。結局京都行きをあきらめた（以上、文5を川内が要約)。

彼女にしてみれば、ルールに従って予約をしていたのに拒否されて、何が理由か理解できなかったであろう。2010年であるから既に車両はN700であったろうし（注4）東京駅はエレベーターもあったが、それでも拒否されたのである。

理由は彼女が外国人であったことだと思われるし、確かに制度によれば外国人は対象に含まれていない。それがどれほど異様で、世界に理解されないことかについて、関係者は誰も気づかなかったのだろうか。

これは（文1）や（文4）によって確立されたルールが、排除するための理由として使われていることを明らかにした事件であった。そしてこの一件が報道されても、制度を変える動きは起こらなかったようである。

10-5 方針の転換―理由の不可解さ

ジューン・ケイルス事件から6年余り後、国交省は2017年3月に、やっとこの扱いの改正を提言する文書（文6）を出した。改正に至った環境変化として、高齢化の進展、障害者数の増加、障害者権利条約の締結に向けた国内関係法令の整備、訪日外国人数の著しい増加等を挙げている。また「平成32年のオリンピック・パラリンピックに向けた取り組みについてとりまとめた『ユニバーサルデザイン2020中間とりまとめ』においても、ハンドル形電動車椅子の鉄道車両等への乗車要件の見直しを検討する検討会を設置し、国内外の現状・実態等も踏まえ、平成28年度末を目途に結論を得るとされ

（文5） 中日新聞「ハンドル形車いす乗車拒否」2010年12月20日

（注4） N700は2007年7月1日から運用を開始している。ジューン・ケイルス事件の時にはまだ全編成が入れ替わっていたわけではないと思われるが、乗せる気があったのであれば、N700による編成に乗り換える提案もできたであろうと思われる。

（文6） 国土交通省 総合政策局安心生活政策課「ハンドル形電動車椅子の公共交通利用に関する調査検討報告書」2017年3月

たところである」(文6)と述べて、2020オリ・パラが大きな動機付けとなったことを示している。

この報告書を受けて国交省は2018年4月1日からハンドル形に対する扱いを大転換した(文7)。

1. ハンドル形電動車椅子で鉄道を利用する人の要件(人的要件)→廃止
2. ハンドル形電動車椅子の構造についての要件(構造要件)
   - 通勤型車両(デッキなし)→すべて利用可能
   - 新幹線を含む特急型車両(デッキ付き)→東海道・山陽新幹線N700系と同程度以上の客室内の車椅子スペース、車椅子対応トイレ、通路幅を有する車両は、安心して利用可能。客室利用のための構造要件を満たさない場合であっても、多目的室やデッキに乗車可能な場合がある。

(文6)における環境変化のうち、高齢化の進展、障害者数の増加、および訪日外国人数の著しい増加は理由にならない。対象者が少なければ差別してもよく、多くなれば差別を廃止するなどということは、全く筋の通らない話である。また自費購入等で福祉制度からの交付ではない者がいることは当初から想定できていて、その人たちを鉄道に乗せないようにしたいというのがそもそもの拒否の始まりの一因にあったのだが、その問題に対しての見解や解決策は示されないままに人的要件は廃止された。何も解決していなくても拒否の要件は廃止され、どうして終えたのかの説明はなされていない。はたしてもともとの拒否は正当だったと説明できるのだろうか。

残る国内関係法令の整備等について、(文1)の2003年から(文6)の2017年までにどう変わったのかを考えてみる。

(文1)による受け入れ条件は、エレベーターやスロープがある、ホームにハンドル形が余裕を持って乗降できるスペースがある、バリアフリールート上に狭いところや曲がりにくいところがない、車両内部が広い、混雑時に利用しない、であった。確かにエレベーターの付いた駅はこの15年間で明らかに増えた。ホームが広くなったかどうかについてだが、日本の鉄道はた

(文7) 国土交通省 総合政策局、鉄道局「ハンドル形電動車椅子を使用した鉄道利用について」2018年3月

いていは既存駅である。既存駅でホームを広くするには大規模工事が必要で、現実にはホームが広くなった既存駅は、私の知る限りではほとんどない。空間を設計する際の設計ガイドラインの基本寸法の変化をみると、(表1)(文8、文9)車いすの基本寸法は2018年版のほうが少し大きくなっているが、空間設計に必要な、実際の行動に関する基本寸法については2001年版と2018年版で変化はない。2018年版にはハンドル形車いすの寸法が加わっているが、ガイドラインの内部でそれがどう反映されたかについての記述はない。2018年版において「ハンドル形(型)」という単語が出てくるのは、この基本寸法の部分のみである。以上から考えると、新しい駅の空間設計においてもハンドル形を意識して大きくなっているわけではない。

表1　2001年版と2018年版の比較

	寸法	2001年版	2018年版
車いすの寸法	車いす幅	65cm	70cm
	車いす全長	110cm	120cm
車いす使用者の必要寸法	通過に必要な最低幅	80cm	80cm
	余裕のある通過に必要な最低幅	90cm	90cm
	車いすの通行に必要な幅	90cm	90cm
	車いすと人のすれ違いの最低幅	135cm	135cm
	車いすと車いすのすれ違いの最低幅	180cm	180cm
	車いすが180 度回転できる最低寸法	140cmの円空間	140cmの円空間
	車いすが360 度回転できる最低寸法	150cmの円空間	150cmの円空間
	電動車いすが360度回転できる最低寸法	180cmの円空間	180cmの円空間
ハンドル型車いすの寸法	全長		120cm
	全幅		70cm
	全高		120cm

(文8)　交通エコロジー・モビリティ財団「公共交通機関旅客施設の移動円滑化整備ガイドライン」2001年8月

(文9)　国土交通省総合政策局安心生活政策課「公共交通機関の旅客施設に関する移動等円滑化整備ガイドライン　バリアフリー整備ガイドライン旅客施設編」2018年3月

以上から駅や車両の空間が狭いとする当初の排除理由にほとんど変化は生じていない。また運転性能については、この間の改良によってハンドル形の操作性が向上したかもしれない。しかしそれならば古いハンドル形は乗れないが新しいのなら乗れるという扱いになるはずだが、今回の扱い変更には製品の製造時期によって対応を変えるという規定はない。

また「東海道・山陽新幹線 N700 系と同程度以上」は「安心して利用可能」と言っているが、N700 系は 2007 年から営業運転に投入されている。当時、新幹線の多くの駅では業務用も含めてエレベーターでの移動が可能だったから、2018 年になって「安心して利用可能」と言われても、今さら感や不自然感が強い。

こう考えると、いろいろ理由を付けても、結局は 2020 オリ・パラを迎えるにあたって、体面をつくろったのだと私には思える。海外から指摘されたらまずいと考えるのであれば、なぜここに至るまで放置していたのか。そのために、他の人が普通に、簡単にできる東京－大阪の日帰りができずに、大きな不利益をこうむってきた人たちがいるということを知らなかったわけではなかろう。少数者だからというのは理由にならないのである。

10-6　現状は変わったのか

2019 年 9 月、外国人のハンドル形を使う知人から、いま来日していて在来線特急の乗車券購入を拒否されたという連絡が入った。その特急には車いす席はあるものの、通路等が狭くてハンドル形は乗せられないとのこと。彼は何回か来日していて、2018 年からハンドル形の扱いが変わったことから、特急に乗れると考えていた。しかし予想に反して、窓口で拒否されたのだ。

こういうこともあるだろうということで、彼はこの国交省の新方針に関する解説文を日本文と英文で準備していた。そこに定めてある緩和の条件としての車いす寸法よりも彼の車いすの寸法ははるかに小さく（注 5）、問題ない

（注 5）　利用が可能なハンドル形電動車椅子の構造要件のうち「寸法」は全長：1,200mm 以下、全幅：700mm 以下とされている（文 6）。それに比して彼のハンドル形は長さ：1,060mm、幅：545mm であるからサイズ的には何も問題はない。

はずだと主張したが、応対した駅長の見解は変わらなかった。そこで私に何とかできないかと言ってきたのだ。とはいえ、その駅長の名刺には「お客様センター」の電話番号しか書かれておらず、そこに連絡しても何の役にも立たないことは、私のこれまでの経験からすぐにわかった。

表 2　ハンドル形電動車いすで利用が可能なデッキ付き車両を有する形式

新幹線	H5系（JR北海道）、E5系・E6系・E7系（JR東日本）、W7系（JR西日本）、N700系（JR東海・JR西日本・JR九州）
在来線特急	E259系（成田エクスプレス：JR東日本）、E657系（常磐線特急：JR東日本）、500系（東武鉄道：平成29年4月21日より運転開始）

【出典】エコモ財団「らくらくおでかけネット」及び独自アンケートの結果

（文 6）にはハンドル形が乗れる列車が示してある。表 2 はそれを私が書き直したものだが、在来線特急で乗れるものはわずか 3 種類であり、私の知人が乗ろうとした特急は含まれていない。すなわち、以前に比べて乗れる列車は増えたけど、それは新幹線でのことであり、在来線はほとんど乗れないままなのである。

ではどうすれば乗れるのかと聞くと、彼がジョイスティック形で来るか、それができなければ各駅停車を乗り継ぐかだと言われたという。

実は彼は、2018 年 3 月の緩和以前に東京－大阪間を新幹線で移動したことがあり、そのときは JR 側が用意した車いすに乗り替えさせられ、彼のハンドル形車いすと一緒に多目的室に乗せられた。同じ部屋の中に普段使い慣れた自分の車いすがあるが、それに座ることは許されず、係員は駅が手配した手動車いすから多目的室内の備え付けの椅子に座るように命じたという。彼は初めて乗り込んだ新幹線を見て、彼の母国の列車よりも車内は広いし、トイレもよくできているのに、何でこんな扱いを受けなければならないのか理解できなかったという。

新幹線と在来線の違いはあるとしても、今回はそうはできないのかと聞くと、会社として車いすの準備はしないし、そもそも彼のハンドル形を積み込む場所がないとの冷たい返答。彼から移動を奪うということが全く重大事だとは思われていないのだ。彼から移動を奪うということは、彼の目的が観光なら、電車による旅行の楽しみや目的地への期待を奪うことであり、ビジネス目的であるなら、ビジネスチャンスをそっくり奪うことである。そしてそれは彼の日本に対する期待を奪うことであり、彼の人権を奪うことなのだ。後日、彼は私に「車両は一流だが運用は三流だ。日本ではこのようなattitudinal（態度、姿勢に関する）な問題が目立つ」と話してくれた。

鉄道会社は彼に対して明らかに他の乗客とは異なった扱いをしているわけで、権利条約からすれば明白な差別である。彼の障害を理由にして拒否（直接差別）しているのではない。しかし彼が使う車いすを理由に拒否している（関連差別）。権利条約では「あらゆる形態の差別」を禁じているが、差別解消法では直接差別しかカバーしていないという解釈もあるようだが、同法の精神は「全ての障害者が、障害者でない者と等しく、基本的人権を享有する個人としてその尊厳が重んぜられ、その尊厳にふさわしい生活を保障される権利を有することを踏まえ」、「全ての国民が、障害の有無によって分け隔てられることなく、相互に人格と個性を尊重し合いながら共生する社会の実現に資することを目的とする」というところにあり、この理念の前では、直接差別か関連差別かといった分類は小さなものに映る。

今回の拒否は、彼が自分の身体の一部のようにして使っているものを使えなくするのであるから、せめて代替の車いすを用意するとか、ハンドル形も一緒に積み込むとか、差別するならするで、礼儀というものがあるのではないか。一方的に拒否し、実現困難な代替手段をお前の責任だと言わんばかりに吹っ掛けるのが、まっとうな態度だとは思えない。

さらに言えば、車いす使用者の中には座席を自分の身体に合わせて調整していて、簡単に別の車いすに乗り換えられない人も多くいる。こういう人たちにとっては車いすを乗り換えろと言われること自体が無理難題なのである。

10-7　ハンドル形の今後について

それにしても、車いすは少しでも一人で行動できる範囲を広げようとして使用するものであるが、その車いすによって行動が制約されるとは、何という矛盾であろうか。

ハンドル形の拒否に関する制度は、障害のある人も含んだ委員会で検討し、決定された。関係者の合意という適正な手続きを踏んであるからといえば確かにそうかもしれない。しかし衆知を集めて考えるべきは、いかにして乗れなくするかではなく、いかにして乗れるようにするかであったはずだ。

ハンドル形に関する仕組みは、もともといかに排除するかの発想から始まっているように見える。その排除のために、人的要件だとか寸法だとか操作性だとかの「客観的」な事実を積み上げて、一つの仕組みを組み上げてきている。パーツを積み上げても、それが正しい方向を指しているかはまた別の問題である。始まりからいかにして排除しないかという方向性を持っていたら、別の仕組みを見出すことができたのではないだろうか。

そして、いかにして排除しないかという発想であったなら、最初の報告書から今までの時間の中で、在来線の特急の中にもっと乗れる車両を増やすことも可能だったのではないだろうか。ここでも 2020 オリ・パラのためにここにきて急に態度を変えたことがうかがえる。

急ごしらえで新幹線には乗れるようにしたが、在来線に乗り換えようとした途端に問題が出てくる。車いす使用者の中でもハンドル形が特に不利な状況は、まだ解決していないのである。

しかしここに至ってもなお、基本的なずれを感じる。それは、乗れるか乗れないかを誰が判断するかである。国の報告書（文 6）には、乗れる車両が挙げられている（表 2）。しかしそれはハンドル形として想定している寸法や運転性能で最も不利な状態の場合でも乗れるということである。車いすはさまざまなものがある。その多くは報告書で想定しているよりも小型で、小回りが利く。そういった場合は、表 2 に載っている車両以外でも乗れるはずだ。それを当事者が判断するのが本来あるべきやり方であろう。事業者側から一方的に決められるから不満が生まれるのだ。

自分が納得して乗るか乗らないかを決める。そのためには、現状ではすべての車両に乗れるわけではないということを周知するとともに、通路幅やスペースなどについてきちんと情報提供することが必要であろう。それこそが当人の主体性を尊重することになると私は思う。そうすれば、もしも電車に乗りたいと考える人であれば、ハンドル形を購入する時点でサイズや運転性能に注意するはずである。

国はインバウンド客の増加を推進しているが、そんな中であからさまにハンドル形を拒否することは、わが国の人権意識の低さを大々的にPRすることになる。そしてそれは、権利条約を批准したにもかかわらずその底流にある世界の考え方に背を向けていることを隠そうともしない、あるいは恥ずかしいことだと考えもしない、日本社会の閉鎖性の象徴でもあるだろう。せっかく方針変換をしたのである。新幹線でも在来線でも安心して乗れる日を目指して、努力を継続・加速すべきだ。

第11章

国交省の「権利」に対する姿勢

11-1 「福祉はやさしさ」か？

1994年に建設省（当時）はハートビル法を作った。この法律について、建設省は「ハートのあるビルをつくろう」というキャッチコピーとともに、図1のようなイラストによって広く広報を行った。

同法ではアクセシビリティ整備は建築主の努力義務とした。「(整備するように）努めなければならない」ということである。そして義務化しなかったことについての説明として「**福祉はやさしさである。やさしさを求める法律に強制は似合わない**」と述べたのである。

他の人と同様に社会に参加するということが「権利」であるならば、社会はその権利が侵害されないような体制をとることが求められる。

他の人と同様に建物を利用するということが「権利」であるならば、建物はその権利が侵害されないようにアクセシブルにすることが求められる。

図1　ハートビル法パンフレット

すなわち、権利としてのアクセシビリティは義務化される必要があるのだ。努力義務では建築主の気持ち次第で整備されたりされなかったりするから、これでは法律で権利を担保できているとは言えない。

ところが1994年のハートビル法は努力義務であり、その理由として「福祉はやさしさである」としたのである。「思いやり」や「やさしさ」と結び付きやすい「福祉」という言葉をアクセシビリティに持ち込むことに対して、私は一貫して反対だが、上記の発言はそういった逡巡の一切ない中でこの二つの言葉をくっつけている。

「福祉はやさしさである」と言ったとき、その対象は誰なのだろうか。多くの人は高齢の人や障害のある人に対してのやさしさだと受け取るだろう。しかし努力義務にしたことで、整備をやるかやらないかは建築主の気持ちに委ねられたため、建築主にとってはとてもやさしい法律となった。一方で高齢の人や障害のある人にとっては、その建物に入れるかどうかが制度的に保証されていないわけだから、全くやさしくない法律である。「福祉はやさしさである」という発言の裏でこうした対象に対する巧妙なすり替えを行ったことで、「福祉」を「権利」を抑え付ける道具として使っているのだ。

私にはそこがどうしても受け入れられない。「福祉はやさしさ」発言は1994年のことだ。しかし昔のことだと忘れるわけにはいかないのだ。

11-2 「社会的なコンセンサスを形成する必要がある状況」？

では現在の国交省はどう考えているのだろうか。そこで出てきたのが「**社会的なコンセンサスを形成する必要がある状況**」という発言である。

ここでは「福祉」という言葉は使っていないが国交省が「権利」を認めていないことは1994年当時と変わっていないことが明らかとなった。そしてその理由として使われたのが「コンセンサス」である。

この発言は2016年10月の国交省の会議で出た。そのときは既に権利条約は2014年に批准されている。国民の代表として選挙で選ばれた国会議員が、憲法に言う国権の最高機関である国会で議論して、衆参とも全会一致で批准されたこの条約に対して、これ以上のコンセンサスとは何なのだろうか。国交省は何を根拠に「コンセンサスがない」と言えるのだろうか。国交省はいつから国会の決定を否定できる力を持つようになったのだろうか。

11-3 未熟なアクセス

「社会的なコンセンサスを形成する必要がある状況」という発言はバリアフリー法の公共交通に関する会議での発言である。同じ国交省だから、建築物のアクセシビリティに対しても同様の考え方であろうことは、容易に想像できる。

既に述べたように、バリアフリー法は生活の基盤である「住む」「学ぶ」「働く」場のアクセシビリティを担保していない。職業を選ぶ権利も幸福を追求する権利も制限し、障害のある人が社会生活を送るための基盤を約束していない。国交省の頭の中は関係省庁との調整と「社会通念上」でいっぱいなのではないか。いったい誰のための、何のためのバリアフリー法か。なぜアクセシビリティ整備をやらなければならないのか、今さらながらの出発点への確認が必要であろう。

権利条約の「第九条　施設及びサービス等の利用の容易さ」では「特に次の事項について適用する」として「学校、住居、医療施設及び職場を含む」と述べている。学校＝学ぶ、住居＝住む、医療施設＝健康、職場＝働くという生活基盤の整備には特に注意すべきだということで権利条約はわざわざこの4項目を挙げている。医療施設以外はすべてわが国の現状を言い当てており、見透かされているというか、その慧眼には驚くばかりである。こういった基本的かつ重要な点を克服できていないところに、わが国のアクセシビリティのバランスのおかしさと未熟さがあるのである。

第12章
福祉、福祉のまちづくり、心のバリアフリー

12-1　アンケート結果

本書では障害のある人の社会生活と権利の関係について述べてきているが、それに関連してしばしば出てくる「福祉」、「福祉のまちづくり」、「心のバリアフリー」について、人々はどう思っているのだろうか。それを知るためにアンケート調査を行った。

■12-1-1　調査の方法

アンケート調査は民間の調査機関を通して、その調査機関に登録した回答者に対してインターネットを用いて質問し、WEB上で回答を求めたものである。調査は2019年9月に行い、回答者は日本全国の15歳から79歳まで、10歳刻みの各年代から100名ずつ、計700名で、どの年代においても男女は同数であった。

質問は以下の2種である。

問A：あなたは「○○」という言葉について、知っていますか。当てはまるものを1つお答えください。

問B：あなたが「○○」という言葉から連想される言葉を7つ、お選びください。

この「○○」にはそれぞれ「福祉」「福祉のまちづくり」「心のバリアフリー」が入る。

問 A の選択肢は以下の 4 項目とした。
①言葉を知っていて意味もはっきり知っている　②言葉を知っていて意味をある程度知っている　③言葉を知っているが意味は知らない　④知らない

問 B の選択肢は以下の 25 項目とした
①高齢者　②介護　③ハート　④権利　⑤建築　⑥障害者　⑦医療　⑧やさしさ　⑨平等　⑩公共交通　⑪子ども　⑫教育　⑬思いやり　⑭意識　⑮歩道　⑯ LGBT　⑰社会参加　⑱偏見　⑲無理解　⑳ユニバーサル・デザイン　㉑貧困層　㉒尊厳　㉓差別　㉔無関心　㉕バリアフリー／福祉（※）

（※項目㉕については、「福祉」「福祉のまちづくり」について聞いたときは「バリアフリー」を用い、「心のバリアフリー」について聞いたときは「福祉」を用いた。）

問 B の 25 項目は以下のような分類となっており、これを同一分類が近くにならないように分散させて選択肢とした。

(対象群)・高齢者　・障害者　・子ども　・LGBT　・貧困層
(制度群)・介護　・医療　・教育　・社会参加　・福祉（※）
(感情群)・ハート　・やさしさ　・思いやり　・偏見　・差別
(理性群)・権利　・平等　・意識　・無理解　・無関心　・尊厳
(物的群)・建築　・公共交通　・歩道　・ユニバーサル・デザイン　・バリアフリー（※）

ある問いに対して同一の群からのみ答えを選ぶと、最大で 6 項目を選択することになる。しかしそれ以外にどのような視点を持ってその用語が受け止められているかも知りたかったので、選択数を 7 とした。

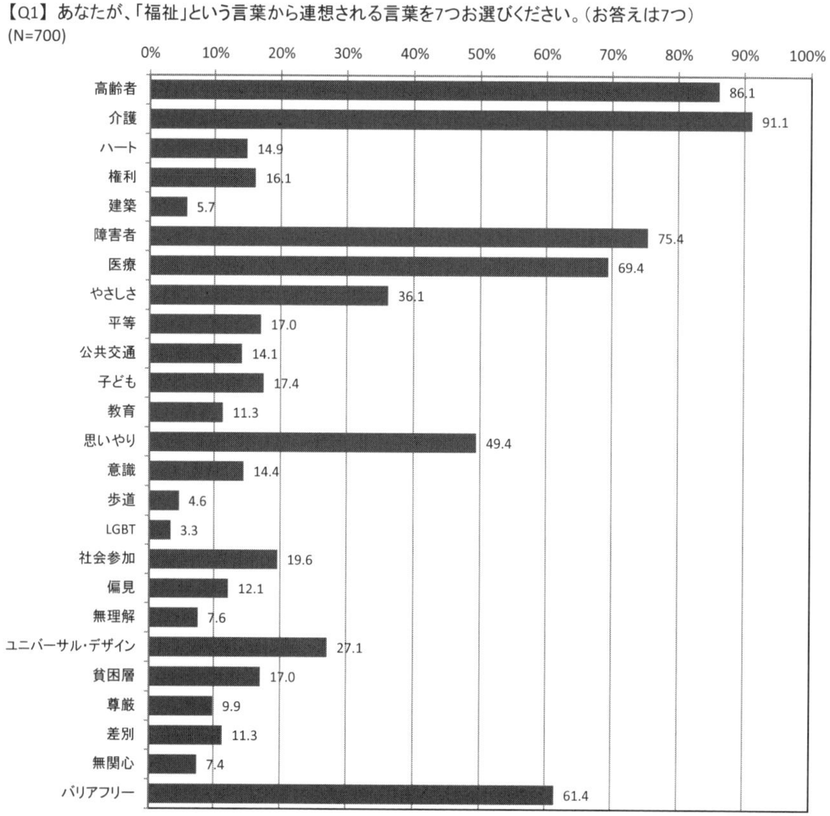
【Q1】あなたが、「福祉」という言葉から連想される言葉を7つお選びください。（お答えは7つ）
(N=700)
0%
10%
20%
30%
40%
50%
60%
70%
80%
90%
100%
高齢者
86.1
介護
91.1
ハート
14.9
権利
16.1
建築
5.7
障害者
75.4
医療
69.4
やさしさ
36.1
平等
17.0
公共交通
14.1
子ども
17.4
教育
11.3
思いやり
49.4
意識
14.4
歩道
4.6
LGBT
3.3
社会参加
19.6
偏見
12.1
無理解
7.6
ユニバーサル・デザイン
27.1
貧困層
17.0
尊厳
9.9
差別
11.3
無関心
7.4
バリアフリー
61.4

図１　「福祉」に対する受け止め

■ 12-1-2 「福祉」に対する受け止め

（問Aによる「福祉」に対する認知度は聞いていない）

「介護」「高齢者」「障害者」「医療」といった連想が多く、「バリアフリー」も多い。一方で「権利」や「尊厳」を連想した人は少ない。福祉制度を利用するのは権利であるというのが建前ではあるが、そう連想した人は多くないようである。福祉という言葉には「ハート」「やさしさ」「思いやり」がセットのように連想されるのかと予想していたが、最も多く選択された「思いやり」でも半数に満たない。「福祉」は、社会制度であるということと、その制度でどのような人が対象となっているかについて、が連想されているようである。

■12-1-3 「福祉のまちづくり」に対する受け止め

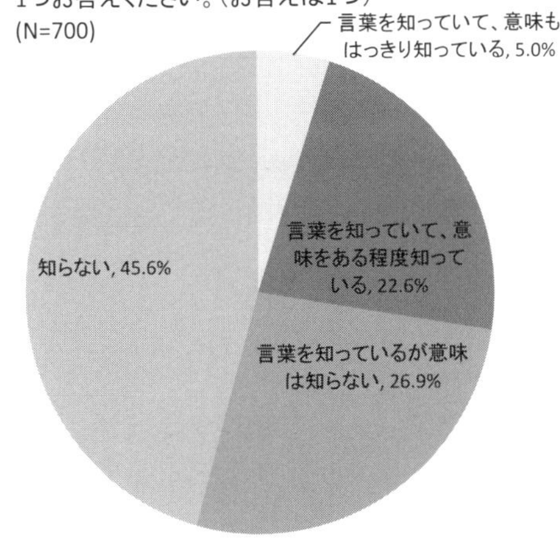

図2 「福祉のまちづくり」への認知

「福祉のまちづくり」はけっこう以前から使われてきている言葉で、すべての都道府県が「福祉のまちづくり条例」（場所によっては名称の異なるものもある）を持っている。にもかかわらず、約半数が「知らない」と答え、「意味は知らない」まで合わせると7割以上になるというのは、衝撃的とも言える結果である。

連想する言葉で多いのが「高齢者」「介護」「障害者」「医療」「バリアフリー」といったところで、「福祉」の場合とほぼ同様の結果となっている。「思いやり」を連想する人もほぼ「福祉」の場合と同様である。たいていの「福祉のまちづくり条例」は建築、公共交通、歩道、公園をカバーしており、いわば建築、土木系のハードに関することが中心である。回答では「公共交通」（40.1%）を連想する人が多いがそれでも半数に満たず、「建築」（23.3%）「歩道」（25.0%）についてはさらに少ない。

「権利」（19.6%）や「尊厳」（6.9%）や「ユニバーサル·デザイン」（28.7%）を連想する人は少なく、このあたりは「福祉」と「福祉のまちづくり」は数値的にも似通っている。

このことから見えてくるのは、「福祉のまちづくり」と「福祉」は互いに関連付けて考えられており、多くの人にとってはその違いが十分認識されているわけではないようであるということと、「権利」や「尊厳」とは遠い存在だと受け止められているようである、ということである。

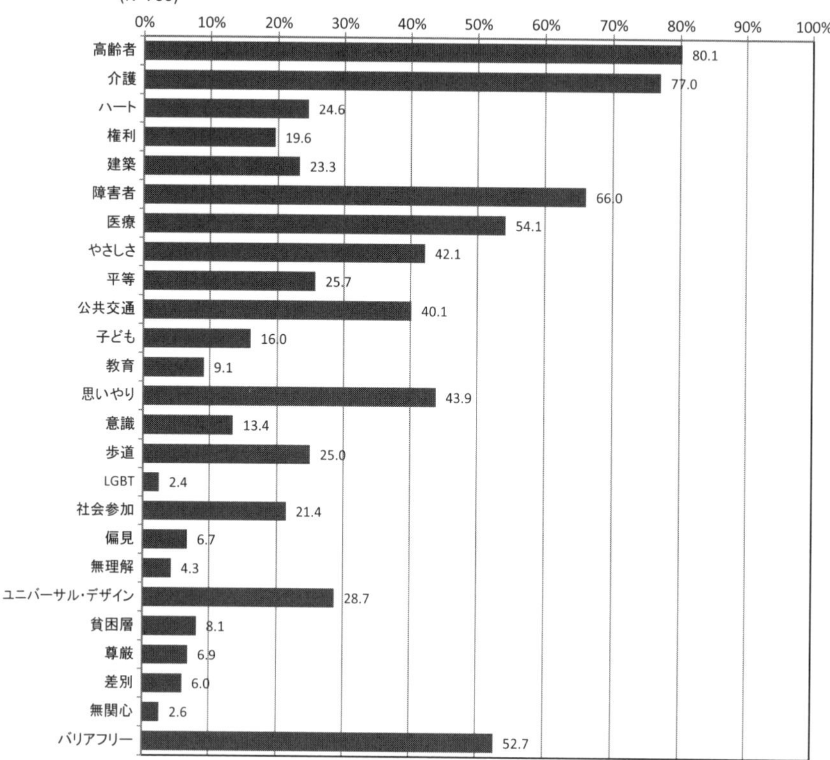

図 3 「福祉のまちづくり」に対する受け止め

■12-1-4 「心のバリアフリー」に対する受け止め

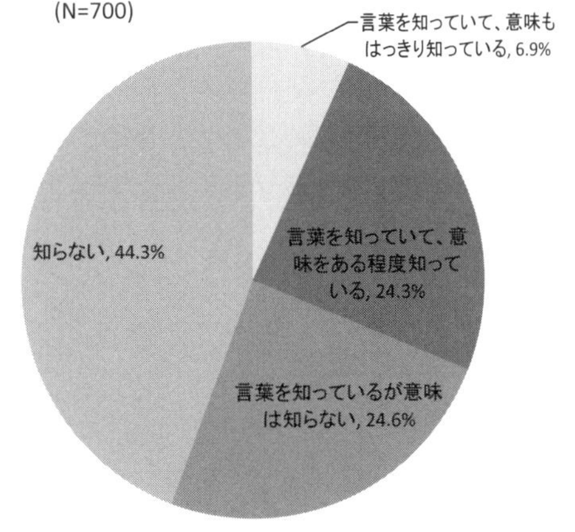

図4 「心のバリアフリー」への認知

「心のバリアフリー」への認知は、前問の「福祉のまちづくり」とほぼ同様となっている。約半数が「知らない」と答え、「意味は知らない」まで合わせると約7割になっている。回答者が同様の質問に対していい加減な態度で答えたとの懸念もあるが、次の、連想される言葉の選択では「福祉のまちづくり」とはかなり異なった回答となっており、その懸念は当たらないのではないかと考えている。

「やさしさ」（67.1%）「思いやり」（65.7%）「ハート」（63.4%）への選択が抜きん出て多く、「福祉」や「福祉のまちづくり」での回答で多かった「高齢者」「介護」「障害者」「医療」は半減している。「偏見」や「差別」の選択も少ない。

「権利」については「福祉」や「福祉のまちづくり」での回答に比べて増加しているが、それでも32.0%にとどまっている。「尊厳」についても倍増しているが、19.0%に過ぎない。ただ「平等」（49.6%）についてはほぼ半数が選択している。

「2020行動計画」が期待しているような、「心のバリアフリー」という言葉で「人権や尊厳」の尊重を表そうとしても、人々はそうは連想していないということであろう。

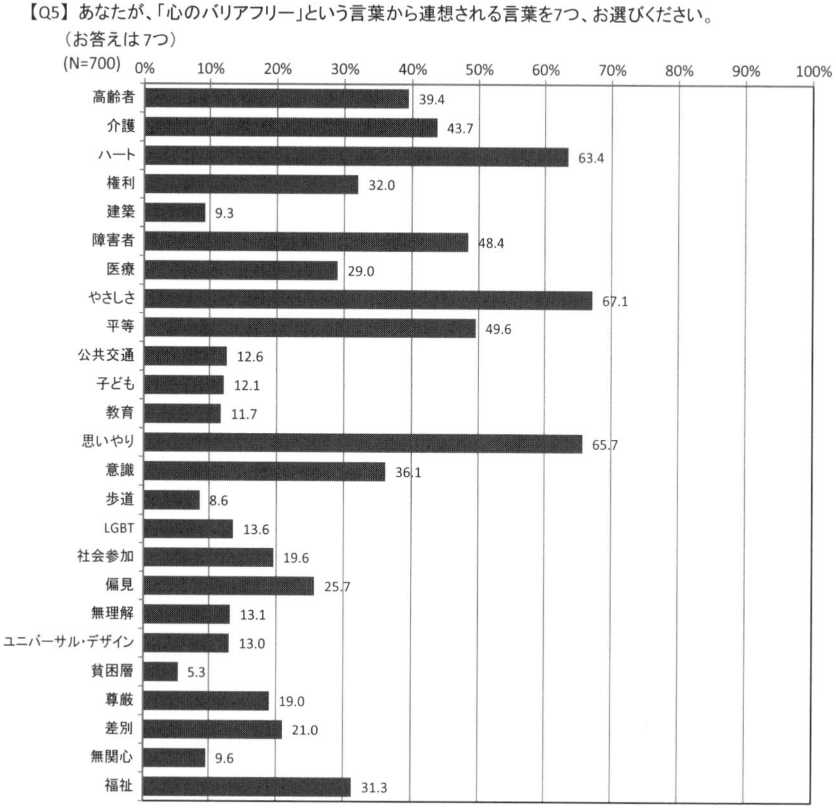

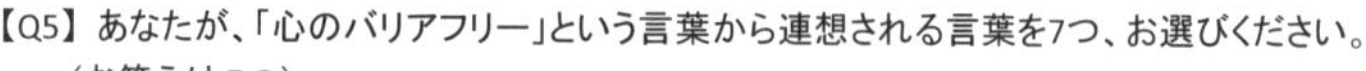

【Q5】あなたが、「心のバリアフリー」という言葉から連想される言葉を7つ、お選びください。
（お答えは7つ）
(N=700)
0%
10%
20%
30%
40%
50%
60%
70%
80%
90%
100%
高齢者 39.4
介護 43.7
ハート 63.4
権利 32.0
建築 9.3
障害者 48.4
医療 29.0
やさしさ 67.1
平等 49.6
公共交通 12.6
子ども 12.1
教育 11.7
思いやり 65.7
意識 36.1
歩道 8.6
LGBT 13.6
社会参加 19.6
偏見 25.7
無理解 13.1
ユニバーサル・デザイン 13.0
貧困層 5.3
尊厳 19.0
差別 21.0
無関心 9.6
福祉 31.3

図5 「心のバリアフリー」に対する受け止め

12-2 福祉のまちづくり

福祉のまちづくりとは地方自治体が制定している「福祉のまちづくり条例」等でなじみ深く、一方で、国の施策に「福祉のまちづくり」という言葉が使われたものは少ない。それもあってか各自治体でそのとらえ方が微妙に異なるようで、これがそうだという統一した定義は見当たらない。

私が福祉のまちづくりに危うさを感じるのは、この定義の不明瞭さにある。社会福祉や社会保障に関わる人は、それは健康で文化的な最低限度の生活を営む権利を保障するためのセーフティネットとしての広範な制度だというふうに思うかもしれない。一方で、少なくとも私の周辺や自治体の福祉のまちづくり条例では、建築や土木を中心としたバリアフリーのまちづくりのことを指していると理解している人も多い。

そのような混乱があるためか、アンケートでも福祉関連の社会制度と関連付けて答えている人が多くなっている。

福祉のまちづくりがハードを焦点にするのであれば、それはそれで一つの考え方だと思うが、現在の権利条約を中心とした考え方というのは、権利という理念を実現するためにハードを整備するということであり、ハードだけを切り出して扱うことではない。したがって、権利という理念のないハード作りというのは国際的な方向とは異なっており、考え方の脱皮が求められているといえる。

私なりの理解で言えば、「福祉のまちづくり」とは権利という木に「心」「やさしさ」「思いやり」という竹を接ぎ木したものだと思う（ここで言う木と竹に優劣があるわけではなく、異なるものであるという意味で使っている）。

権利という木と、心、やさしさ、思いやりという竹の葛藤について、少なくとも 1973 年に仙台で開かれた「車いす市民交流集会」では真剣な議論があった（付章第 1 参照）。しかしそれ以降、それらは大して議論されることなく、使われてきているのだろうと思う。

根っこには権利や尊厳がある。しかしそのことが一般市民に伝わっていないことはアンケートでも示されている。そしてもっぱら議論されるのは竹の部分であって、そちらへの注目が集まることによって専門家でさえも実務においては根っこを忘れがちになる。それが、「福祉はやさしさである。やさしさを求める法律に強制は似合わない」という言い方で権利を抑圧する方向に使われることになった元凶にあると私は思っている。

アクセシブルな社会づくりはいいことだ。しかしそれに「福祉」を付けてしまう日本社会の考え方は再考すべき問題だと思う。

12-3 心のバリアフリー

心のバリアフリーも福祉のまちづくりと同様に、意味が不明瞭なために、多くの人の理解が統一されていないのだと思われる。

・「ユニバーサルデザイン 2020 行動計画で取り組む『心のバリアフリー』とは、様々な心身の特性や考え方を持つすべての人々が、相互に理解を深めようとコミュニケーションをとり、支え合うことである。そのためには、一人一人が具体的な行動を起こし継続することが必要である」(文1)

・「心のバリアフリーとは、バリアを感じている人の身になって考え、行動を起こすことです」(文2)

・「だれもが、相互に多様な人々を尊重することや思いやることができ、まちなかで困っている人を見かけたときに、自然に気遣い、声をかけ、みんなで協力して手助けができるとともに、困っている人からも手助けを求めやすい社会」(文3)

・「全ての人が平等に参加できる社会や環境について考え、必要な行動を続ける『心のバリアフリー』」(文4)

上記はいずれも国や東京都の公式な文書やサイトの記述であるが、手助けをする、支えあう、行動する、というあたりに共通項が見える。(文 4) には「平等に参加できる」という文言があるが、他の 3 例では、理念的なことに対する直接的な表現は見当たらない。

(文 1) はユニバーサルデザイン 2020 関係閣僚会議で決定されたものであり、上記の 4 例の中では最も権威のあるものである。ここでは「すべての人

(文 1) ユニバーサルデザイン 2020 関係閣僚会議「ユニバーサルデザイン 2020 行動計画」、2017 年 2 月

(文 2) 「知っていますか?街の中のバリアフリーと『心のバリアフリー』」2018 年 12 月、https://www.gov-online.go.jp/useful/article/201812/1.html#section4

(文 3) 東京都福祉保健局生活福祉部地域福祉推進課福祉のまちづくり係「区市町村・事業者のための『心のバリアフリー』及び『情報バリアフリー』ガイドライン」2016 年 3 月 https://www.fukushihoken.metro.tokyo.lg.jp/kiban/machizukuri/kokoro_joho/kokoro_joho.html

(文 4) 東京都広報文「令和元年度東京都『心のバリアフリー』サポート企業・好事例企業を公表します」 https://www.metro.tokyo.lg.jp/tosei/hodohappyo/press/2020/03/26/34.html

がお互いの人権や尊厳を大切にし支え合い、誰もが生き生きとした人生を享受することのできる共生社会」の実現に向けた大きな二つの柱として、国民の意識やそれに基づくコミュニケーション等個人の行動に向けて働きかける取組（「心のバリアフリー」分野）と、ユニバーサルデザインの街づくりを推進する取組（街づくり分野）を挙げている。そして心のバリアフリー分野では①「障害の社会モデル」を理解する、②障害のある人（及びその家族）への差別を行わない、③多様な他者とコミュニケーションを取る力を養い、困難や痛みを想像し共感する力を培う、という目標が掲げられている。

「心のバリアフリー」に詳しい中野泰志は①について、「『障害の社会モデル』に基づいて『心のバリアフリー』を考えると、障害のある人達を排除してきた社会の構築され方やあり方に気づき、自らも社会の一員として、そのあり方を変えるために具体的な行動（アクション）を起こすことが求められることになる」と述べ、「個人モデルに基づく『心のバリアフリー』では、信号機の前で躊躇している視覚障害の人や店舗の前で困っている車いすの人に優しく声をかけ、手伝いをすることが重視される。社会モデルに基づく『心のバリアフリー』でも、同じような行動をとることは大切だと考えるが、その場面だけで終わらせず、社会の中にある、障害のある人達の活動を制限したり、参加を制約している様々なバリアに気づき、その原因や解決策を考え、具体的な行動を起こすことが重視される」と説明している。そして「障害の社会モデルに基づく『心のバリアフリー』は、ノーマライゼーションの思想を理解し、今の社会の構築のされ方・あり方の問題点に気づき、障害の有無に限らず、すべての人が協力して、それぞれの立場・役割に基づいて、共生社会を実現するために具体的な行動を起こし続けることだといえる」と結んでいる（文 5）。

すなわち「手助けをする、支えあう、行動する」という目の前の事象で完結するのではなく、その背後にある問題に気づき、その問題を解決するという掘り下げた取り組みなのだと言うのだ。この中野の主張は理解できるが、

（文 5） 中野泰志「ノーマライゼーションと心のバリアフリー」慶應義塾大学出版会『三田評論』No. 1228 所収、2018 年 12 月

人々にそこまで理解してもらうのに「心のバリアフリー」は果たして適切な言葉なのだろうか。中野の懸念にあるように、私の目には「心のバリアフリー」とは障害のある人に積極的に声をかけ手助けすることだという表面的な理解が広まっているように見えている。

アンケートからは「やさしさ」「思いやり」「ハート」への選択が抜きん出て多く、「偏見」や「差別」、「権利」、「尊厳」の選択は少ないから、「心のバリアフリー」という言葉によって人々に「人権や尊厳」を連想してもらうことは難しいようである。

そもそも権利条約の時代に、権利と切り離したアクセシビリティはあり得ない。一方で日本社会は「心」「やさしさ」「思いやり」に傾きやすい傾向を持っている。したがって、「心のバリアフリー」という人々の考え方をミスリードするような言葉を用いるのではなく、権利条約をきちんと反映した言葉にする必要があると私は思っている。

第13章

コロナ禍で見えたもの

13-1　障害のある人の暮らしへの影響

2020年初頭から急速に流行した新型コロナウイルス（COVID-19）によって、私たちの暮らしは大きな影響を受けた。本書はまさにコロナ禍を横目で見ながらの執筆であり、現段階ではまだ収束は見えていない。

人類の最大の敵は感染症であるという説がある。私はそれを感染症にかかることによる重病や死亡のことだと考えていたが、それだけではないようである。新型コロナウイルスは、それにかかっているか否かを問わず、いやおうなしに私たちを巻き込み、今まで私たちが築いてきた暮らし方や社会構造を忖度なしに変えてしまった。

多くの障害のある人の日常は、人との関係性の中で営まれている。例えば視覚障害のある人はガイドをしてくれる人と外出している場合が多くあるし、単独歩行していても周りからの声掛けが大きな助けになっている。しかし新型コロナによってその関係性に大きな影響を受けることとなった。また、社会モデルの考え方からも明らかなように障害のある人は社会のあり方に大きな影響を受け、その社会の現状を基にして生活を組み立てているので、その基盤が大きく変化したことに対応できなくなった人が非常に多い。

聴覚障害のある人の多くにとって手話は重要な情報源である。これまでは政府等からの発表に手話通訳がついていても、それをテレビ放送する際にはなぜか映していなかった。それが新型コロナを契機に話者と一緒に映り込ませることが多くなりこれはいい変化となった。しかし手話は手指の動きだけではなく、それに伴う表情や口の動きもまとめて読み取っているので、マスクで顔からの情報が得られなくなって一時期は混乱した。現在は透明なフェイスシールドで顔が見えるようにはなったが、照明が反射したりしてうまく見えないことも多くある。フェイスシールドは、それだけでは飛沫の感染予防効果が薄いのではとの懸念もあり、手話通訳者としてもリスクを冒しながらの通訳となっている。権利条約でも障害者基本法でも手話は言語として認められており、情報保障の観点でテレビの中や私たちの日常生活でもっと手話が一般的になることが望まれる。テレビはデジタル化のおかげで視聴者が文字表示を選択できるようになっており、対応可能な番組はほぼ文字表示が可能となっているが、早朝や深夜番組、CMなどは不十分で、対象の拡大が必要である（注1）。もちろん緊急時や災害時の情報保障は必須である。また店のレジなどでは店員がマスクをしているため、話しかけられているかどうかの判断ができなくなった。

視覚障害のある人がまちを歩く際に、周りの人の靴音は貴重な情報源である。前を行くヒールのコツコツという音で曲がり角を察知したり、だんだん上に上がって行けば前方に階段があることがわかる、といった具合である。しかし外出制限がかかって町を歩く人が激減したときはその靴音が聞こえなくなり、今までは一人で歩けていた道が歩けなくなった人もいた。新型コロナが流行するまでは、駅のホームで声をかけようといったキャンペーンもあって声を掛けてくれる人が徐々に増えていたのに、周りからの声掛けは激減した。誰かに案内を頼みたくても、周りは無音で人がいるのかどうかさえわからない。うつされるのもうつすのも困るので、万が一の感染を心配してこちらからも介助をお願いできなくなった。またマスクを常時着けるようになって、顔からの情報が得られなくなったという声も多い。これは当人たちもあまり気づいていなかったことのようで、顔面全体で風の流れ、人の気配、音の反射等を感じ取っていたことに改めて気づいたという話を聞いた。

盲ろう者は視覚にも聴覚にも頼れないので触覚が極めて重要であるが、むやみに触ることが感染拡大の要因になると指摘されては、周囲の情報から

（注1）　国は1997年に放送法を改正し、その11月に「字幕放送普及行政の指針」を策定した。また2007年には、「視聴覚障害者向け放送普及行政の指針」を策定し、字幕だけではなく、解説放送（視覚障害のある人にセリフ以外の画面の内容を伝えるために、副音声で状況描写を行う）の普及も進めている。

シャットアウトされたのと同様になる。特に外出時は触手話や指点字で情報を伝えてくれる介助者と密になっていることが必要な場合が多いので、こちらも活動が委縮することとなった。

発達障害や知的障害のある方は、社会的距離やマスクの着用などを求められることを理解できない場合もあり、今までのやり方が通じなくなったことへの適応ができずにパニック状態になった人もいた。外出を制限されるなど、ストレスの高い生活が長く続くのはつらいことであり、昼夜が逆転して日常生活のリズムが崩れてしまったり過食になったりした人も多いと聞く。

リズムの崩れは精神障害のある人にもさまざまな影響を与えた。何とか心のバランスを取って暮らしていたので、いったん崩れてしまうと立て直すのに大きな困難があるという。

重度な肢体不自由の方は着替えたり、車いすに座ったり、排泄や入浴をしたりするときに介助者と密接しやすい。介助を受ける側はもともと肺機能が十分でなかったりとリスクの高い人が多く、また介助者の中には複数の人に介助をしている人もおり、自分自身が媒介者になることを非常に警戒した。しかし介助の現場は病院のような感染症対策が行き届いたところではなく、ごく普通の家庭内での場合も多いので、感染防御に対する不安は大きかった。またハイリスク者であると自覚している人たちは、エレベーター内のよどんだ空気が怖かったり、衛生状況への疑念で公共トイレが使えなくなったり、誰かからの感染を怖れて外出そのものが非常にやりにくくなった。

医療的ケアを日常的に必要としている重度な障害のある人は消毒用のエタノール等が品不足となり、生命の危機に直面した。多くの場合のケアの担い手である家族も、自身の感染防御と障害のある人にうつさないことに大きなプレッシャーを感じて毎日を過ごしている。

一方で、テレワークやリモート会議が浸透したことは、移動に障害のある人の就労機会や社会活動のためにはプラスになった。ただ、生活の維持で精いっぱいの人にとっては、そのリモートの社会についていくことすらままならない現実がある。政府が始めた新型コロナウイルス接触確認アプリ（COCOA）がスマホを持っていることを前提としているように、重要な情報を得るにはスマホやパソコンが必須になってきたのに、就労の機会からはじき出され、仕事に就くことができずにいた人はその費用を払えず、社会からさらに取り残されることとなった。コロナ禍はそういった格差をよりはっきりと浮かび上がらせて、問題のありかを明らかにしたのである。

13-2 隔離できるのだろうか

このように障害のある人への新型コロナの影響は大きく、みんな感染しないように注意を払っているわけだが、それでも感染した場合はどうなるのであろうか。

症状があれば入院ということになろうが、PCR 検査は陽性でも症状がない人は自宅かホテルに隔離ということになる。自宅では家族への感染リスクが高いので少しずつホテルでの受け入れ態勢が整ってきているようだが、ホテルでの隔離を経験した人によると、スタッフとの接触も極力避けるようになっていると聞く。

災害等で避難所で過ごした場合、障害のある人にさまざまな不利が生じることはすでにたくさん報告されている。食事等のアナウンスが聞こえないために配給をもらえなかったとか、情報が紙ベースなので読むことができなかったとか、使えるトイレが無かったとかが代表的だが、これと同じことがホテルでの隔離生活で起きないだろうか。

車いす使用者にとっては車いす対応の部屋があるのかどうかが心配である。2018 年のバリアフリー法改正でホテルの車いす対応客室を増やすことは盛り込まれたが、圧倒的に多い既存のホテルは改善されておらず、隔離場所となったホテルに車いす対応室があったとしてもたいていは 1 室限りなので、そこが埋まっていたら自宅にいるしかなくなる。こういった事情のある人は入院ということもありうるのかもしれないが、症状が出ていないのに病院の貴重なベッドを占めてしまうことには心理的な抵抗がある。ホテルであれば各室にトイレや浴室があり、アクセシブルな部屋であれば車いす使用者でも特に介助がなくても一人で過ごせる人は多い。

ホテルでの隔離生活では部屋の中に閉じこもりで外部のスタッフとの連絡は電話になるようだが、聴覚障害のある人への対応は準備されているのであろうか。手話だけとは限らない。手話を使えない人が多いことも含めての準備が必要である。

視覚障害のある人には注意事項等が点字で書かれた資料が用意されているのであろうか。また、点字が読めない人も多いので口頭での説明も欠かせないのだが、それについての準備はあるのだろうか。

日常生活を家族の介助に頼っている人にとっては、その家族が感染して隔離されなければならなくなったときの影響が極めて大きい。こういった意味からも介助／介護の社会化は重要であるが、まだまだ家族に抱え込まれている部分が大きいのが現実である。

こうして考えていくと障害のある人と隔離生活というのはとても相性が悪いようである。こういった事態になると、これまで漏れていたものがさらけ出されてしまう。障害があるゆえに「他の者との平等」が実現されなくなるといった事態を起こさない対策が非常時に必要であるし、中長期的には今回の経験で明らかになった問題への対策を盛り込んだ政策が進められなければならない。

コロナ禍は社会の弱点を見事にあぶりだした。

これをどう将来につなげていくか、私たちの社会の本当の強さが問われているのである。

おわりに

アクセシビリティ整備の初期の段階から権利主張と「心」「やさしさ」「思いやり」の葛藤があった。

国交省は福祉と権利を対立する概念にしてしまい、しかも権利条約が批准された今でも、権利を認めていない。

その権利を認めない国交省のバリアフリー法は、障害のある人の社会参加を支える「住む」「学ぶ」「働く」に関連した建築物については努力義務のままである。つまりバリアフリー法は、障害のある人が住み、学び、働くことは、周りの人々の「やさしさ」でまかなえと言っているのだ。

さらにバリアフリー法の定めは、経路は歩けるけど目的の部屋の中のアクセシビリティについては関知しないというもので、バリアフリー法で整備が義務化された建物でさえ、ちゃんと使えるという約束はされていない。

交通に関してもハンドル形電動車いすの問題で明らかになったように、事業者が扱いにくいと言えば、どうやって乗せられるではなく、どうやって排除するかを国が主導して考えてきた。

ここに、権利意識が決定的に不在であることを読み取ることができる。

障害のある人を権利の主体であり、尊厳を持つ一人の人間だとして見ておらず、ただ手間のかかる、規格外れの、予測不能なニーズを持つ存在としてしか見ていないのではないか。そして 2020 オリ・パラという国際的なイベントが来ると、慌ててそのことを隠そうとする。その時に使われる便利な道具が「心」「やさしさ」「思いやり」である。

私の知人で、海外で暮らす日本人がいる。その人は車いすを使っており、日本にやってくるたびに「自分に障害があることを思い知らされる」と言う。

昔、その人が日本を離れたときに比べると、アクセシビリティは格段に向上しているはずである。そしてある意味では世界の中でも高いレベルまで来ている。それでもこう思わせるものは何なのだろうか。

日本で感じる違和感とは、人々の障害のある人への接し方なのではないだろうか。海外では人として接してくれる、日本では障害者として接する、というところにその違いがあるのではないかと思う。

やってもやっても満足しない、障害のある人はわがままだ、と思われるであろうか。果たしてそうであろうか。今までわが国は物理的なアクセシビリティに力点を置いてきた。しかしその整備方法は、障害のある人の障害を際立たせるやり方だったのではないだろうか。

ある駅で電車を乗り換えた。降車時には駅員が携帯スロープで介助してくれた。ホームの反対側には既に乗り換え先の電車が待っており、乗客はみんなスムースに乗り換えた。降り際に駅員が「そこで待っていてください」と言うので、私はホームの中央で待っていたが、駅員は来ない。数分して、乗り換え先の電車の扉は閉まり、発車していき、私は一人ホームに取り残された。そして先程の駅員が「すみません」と謝ってきた。私には何が起きたのかよく理解できなかったが、たぶんその駅員は、私が乗り換えるということを忘れてしまっていたのではないかと思う。

一人で動けるようにするためのアクセシビリティ整備であれば、自分の意向と判断で行動を起こせる。介助に依存したシステムでは、介助が提供されなければいくら自分の意向と判断があっても無力にされてしまう。

結果として、私は乗り換えができなかった。物理的にはそんなに深刻なことではない。10分ほど待てば次の電車が来る。しかしそのときの私の気持ちには、大きな取り残され感が生まれていた。みんなは自分の力で降り、ホームの反対側まで移動して、乗りたい扉から乗っていった。私は誰もいなくなったホームに取り残された。みんなは何の苦もなくできるのに、自分だけはできないんだという強烈な疎外感を感じさせられたのである。

このように、この国において障害のある人は、常に、あなたはできない人です、いつも誰かの助けが必要なのです、と突き付けられている。そしてそれが、人間としての尊厳を傷つけ続け、そんな社会で生きていくために、自分に尊厳があるということを無理やり忘れさせられていくのである。

その尊厳を回復していくには「心」「やさしさ」「思いやり」とは異なる何かが必要だ。権利条約はそれを「他の者との平等」と「権利」と「尊厳」というキーワードで示している。

もう一度言う。私は「心」「やさしさ」「思いやり」を否定してはいない。それらは社会においてとても必要で重要なことである。しかしそれは権利や尊厳という価値観によって平等な社会参加という基盤ができたうえで、その質を高めていくうえにおいて大きな役割を持っている。「心」「やさしさ」「思いやり」があれば平等な社会参加が実現できるわけではないのだ。

「権利」も、「差別してはいけないこと」も、みんなとっくに知っているはずだ。しかし「知っている」ことと「理解」していることには大きな違いがあり、本書ではもっぱらそのことを明らかにしてきた。

競技場におけるサイトライン等の例でわかるように、そもそもの法がスタジアムの観覧席を整備の対象としていない。またハンドル形電動車いすの例でわかるように、本来はアクセシビリティ向上を目指しているはずなのに、排除の規定を作ってしまう。

差別とはこういうものなのかと思う。玉ねぎの皮のようにむいてもむいても差別が出てくる。たとえ人々に悪意がないとしても、社会の構造が、人々の思考がそうなっている限り、差別は終わらない。そう、差別は社会が作り出しているのだ。

わが国は障害者権利条約を批准した。しかしそれであってもなお、霞が関の中にさえ、障害のある人が移動する権利についてはコンセンサスができていないと公言する人たちがいる。わが国のやり方は権利条約にみられる世界的な姿勢とは異なっているとわかっているはずであるが、先輩から受け継ぎ、伝統的に持ち続けている内向きの方向性は変わらない。

差別はなくならないだろう。しかし減らすことはできる。そのキーワードは「尊厳」である。

2020オリ・パラはわが国が海外からの姿見にわが身を映すまたとない機会である。その鏡に映った自らの姿すらも曇った目で見ないように、私たちは何が問題でなぜ問題なのかを問い続けなければならない。

付章第 1

仙台での福祉のまちづくりと車いす市民交流集会

付 1-1　仙台での福祉のまちづくり

わが国における福祉のまちづくりへの取り組みは、1969 年に仙台で始まった車いす使用者が町に出られるようにしようという活動からだといわれている。やがてこれは、71 年の「福祉のまちづくり市民の集い」という車いす使用者の生活圏拡張運動につながっていった。これについて平成 7 年版『障害者白書』では、「昭和 46 年（1971 年：川内記）に宮城県仙台市の車いす利用の障害者とそのボランティアが公共施設を点検して、階段のスロープ化や身体障害者用トイレ等の設置を市に要望しそれが改善されたものであるが、これがある意味での福祉のまちづくり運動の始まりである。その後、車いす利用者の生活圏拡大のための運動が全国に展開される」（文 1）と述べている。河北新報では 1971 年 11 月 15 日付で「福祉のまちづくり動き出す」という記事が見られる（文 2）。髙橋儀平はその背景に 1964 年に開かれた東京パラリンピックの影響があったと指摘している（注 1）（文 3）。

特にいつからという宣言などはないので、福祉のまちづくりがいつから始まったかを明確にすることは困難であるが、仙台の活動のきっかけとして「1969（昭和 44）年の夏、西多賀ワークキャンパスの利用者で車いす利用者の村上勇一と、東北福祉大の学生でボランティアの村上信が、仙台の繁華街に出かけた折、物理的・社会的障害に出会い、原因を探すことから『生活圏拡張運

（注 1）（パラリンピック東京大会の際の：川内記）「体育館や選手村等のバリアフリー改修の記憶が大会関係者に強く残り、レガシーとして何年も蓄積され、およそ 6 年の歳月を経て『福祉のまちづくり』運動に名前を変え新たな歴史を切り拓いたのであった」（文 3）

（文 1）『障害者白書　平成 7 年版』（1995 年）

（文 2）「福祉のまちづくり動き出す」河北新報、1971 年 11 月 15 日

（文 3）髙橋儀平『福祉のまちづくり　その思想と展開　障害当事者との共生に向けて』彰国社、2019 年 8 月

動』は顕在化した」（文 4）。この活動は 1971 年には「福祉のまちづくり市民の会」の結成（文 5）に展開し、冒頭で述べた活動へとつながっていったのである。注目したいのは、この「福祉のまちづくり運動」は仙台市民のつどいの会、子どもの城づくり委員会、仙台ワークキャンプ、身障者生活圏拡張運動実施本部、仙台市精神薄弱者育成会、すぎなの会というさまざまな背景を持つ 6 団体によって進められたことである（文 2）。1969 年に 2 人で始まった活動が短期間で幅広く広がったことがわかる。

この活動の展開には菅野鞠子というソーシャルワーカーの存在を忘れるわけにはいかない。平川毅彦は「身体障害者の集住、ソーシャルワーカーによる働きかけと生活の場形成、学生ボランティアによる活動の広がり、そして市民参加と福祉重視の政策をかかげる市政といった四つの要因が、仙台という地域社会で『臨界密度』に到達した時、生活圏拡張運動は姿をあらわしたのである」（文 4）と指摘している。

それにしても、1971 年の団体名に、すでに「福祉のまちづくり」という言葉が使われている。この名称はいつ、誰が考えたのであろうか。これについて私なりに調べたのであるが、明確な答えは得られなかった。

菅野は社会福祉分野の人物であるから、障害のある人がまちにアクセシビリティを求める活動を「福祉のまちづくり」と呼ぶことに抵抗はなかったのではないかと推測される。しかしそのときの「福祉」は特定の集団に対する弱者救済的なものではなく、社会全体の福祉を考えるというものではなかったかと思う。実際、髙橋は「みんなのまちづくり」であったと述べている（文 3）。しかし一方で、わが国の社会では「福祉」といえば特定の集団に対する弱者救済的なものと短絡される傾向があり、アクセシブルなまちづくりを実際に訴えたのが障害のある人であったために、福祉のまちづくりが障害のある人のためのものであるとの誤解が広まり定着していったのではないだろうか。このことについて髙橋は「福祉のまちづくりは、市民によって立ち上げられた『みんな

（文 4） 平川毅彦「個人の発達・成長と『福祉のまちづくり』－仙台市における生活圏拡張運動（1960 年代末～）から学ぶもの－」『富山大学人間発達科学部紀要』、2006 年第 1 巻第 1 号 p 43-51

（文 5） 「車イス通れるように」河北新報、1972 年 5 月 16 日

のまちづくり』として、ユニバーサルデザインと同じ方向を有していたのである。しかしその後、…『福祉』という冠があることで『障害者』のためのまちづくりだと建設行政や建築家、デザイナー、研究者によって狭く解釈されたのであった。『福祉』を使用した車いす使用者たちが決して誤っていたわけではなく、障害者を狭い行政施策に閉じ込めようとした人たちが建築設計者や行政、市民に存在していたということである」(文 3)(注 2)と述べている。

ちょうど同時期、1969 年に国際リハビリテーション協会 (RI) は「International Symbol of Access (ISA)」(邦訳：障害者のための国際シンボルマーク)(注 3)を発表した。これはいわゆる「車いすマーク」として、現在では日本中のトイレや駐車場等に表示されているが、仙台ではこのマークを表示した施設を増やすという活動を始め、仙台駅や行政、デパートなどに働きかけた。物的環境をアクセシブルに整備するという運動を、マークを表示するというわかりやすい形にして展開したのである。

ただ、こうして活動が広がりつつあった時期にもかかわらず、菅野をはじめとした仙台でのパイオニアは仙台を去っていった。髙橋は、1972 年 4 月に仙台の活動が NHK で放送され、また各地の当事者運動にも彼らの活動の情報が流れ始めたと述べたあと「この後福祉のまちづくりを始めた菅野さん、他 2 人は様々な圧力に出合い、仙台を離れる」(文 3)と記しているが、その原因は不詳のようである。そして「ちょうど彼らが仙台を出るころに、福祉のまちづくり車いす市民集会の企画が朝日新聞東京厚生文化事業団で始まるのである」(文 3)。

付 1-2　車いす市民交流集会の開催

仙台の動きに注目したのが朝日新聞厚生文化事業団で、1973 年 9 月 20 ～ 23

(注 2)　髙橋はこのように「福祉」を狭く解釈したのは「障害者を狭い行政施策に閉じ込めようとした人たち」が建築設計者や行政、市民に存在していたと述べているが、私は障害のある当事者にもそれを抵抗なく受け入れる土壌があったと考えている。障害のある当事者も市民の一員としてその社会の空気を吸っている。当事者運動に関わる人たちでさえ、一部を除いては、狭い「福祉」に違和感を持っていなかったように思う。

(注 3)　ISA の商標権を持つ日本障害者リハビリテーション協会では「国際シンボルマーク」と呼称している。このマークは車いすを象徴しているが、車いす使用者や肢体不自由者のみならずすべての障害のある人が利用できる建築物や施設であることを示している。

日には同文化事業団と仙台市「福祉のまちづくり市民の会」の主催で「車いすの身障者による仙台体験旅行と福祉のまちづくり運動」（略称「福祉のまちづくり、車いす市民交流集会」）（注 4）が開催され（文 4）、全国（とはいえ、東京、名古屋、大阪（京都）、福岡と限られた地域からだったが）から 30 名の車いす利用者が集まった（注 5）。

このとき参加した山田昭義によると、当時はまだ東北新幹線も開業しておらず、参加者はなかなか行くことのできない仙台に観光気分でやってきたという。しかし「車いす利用者の私たちは段差に悩み、車いす用トイレやエレベーターもなく、一人では自由にどこにも行けない」（文 7）状況だった名古屋から参加した山田は、「生活圏拡大運動により、仙台駅をはじめ市内の百貨店等に車いす用トイレやスロープが設置されており、全国的にもまちづくり運動が先行していた」仙台を見て驚いたようである。そして同じく大会に参加していた青い芝の会の横田弘からの、「生活圏」ではなく「生活権」ではないのかという指摘を受けてがぜん緊迫した空気となり、3 日間の真剣な議論の末に「今後の運動のあり方を生活圏から生活権にシフトして取り組むことが全会一致で決められた」（文 7）（注 6）という。

「バリアフリーという言葉もない時代、福祉のまちづくりの原点を単に移動範囲の拡大にとどめず、権利に基づき、障害者も人としての尊厳が確立される施策を求めていくことを確認したことは、青い芝運動の当事者運動の原点を確実に引き継いでいく障害者運動を、脳性マヒの人たちだけでなく、車いす利用者も加わり、さらに運動の輪を広げ共に闘うという姿勢を宣言した集会だっ

（注 4）（文 6）によれば、9 月 20 日から 23 日までの日程で「車いす体験旅行と交流集会」と記録されている。

（注 5）（文 6）によれば「東京から 11 人、名古屋から 10 人、大阪からは京都市在住の 5 人、福岡から 3 人の計 29 人が車いすで、ほかに介助者、医師、関係者など計 70 人が参加」であったという。（文 4）とは参加人数が若干異なっている。

（注 6）（文 7）では「全会一致で決められた」とあるが、参加者の内部ではさまざまな考え方の違いがあったようである。

（文 6） 社会福祉法人朝日新聞大阪厚生文化事業団発行「朝日新聞大阪厚生文化事業団 55 年のあゆみ　先駆」1984 年 5 月 1 日発行

（文 7）（財）日本障害者リハビリテーション協会発行「ノーマライゼーション　障害者の福祉」、「時代を読む 40　生活圏拡大運動から車いす市民全国集会へ」2013 年 2 月号 http://www.dinf.ne.jp/doc/japanese/prdl/jsrd/norma/n379/n379001.html

た」（文 7）と山田は評価している。

しかし社会はそうは受け止めていなかったのではないか。当時の社会の受け止めの雰囲気を知るために河北新報の記事を読むと、権利ということを押し出したものは見当たらなかった。記事はおしなべて、車いす使用者がまちのバリアで困っていると訴えており、このことから考えると、少なくとも新聞というフィルターを通した世間の受け止めは、困っているという訴えに対する感情的なもので、権利や差別といった論理的な主張ではなかったように見受けられる。また当初から菅野を含めた仙台の当事者側も、権利や差別といった論理を前面に出す主張はしていなかったのではないかと思っている。例えば菅野の著作（文 8・9）には権利を主張する記述は見当たらない。

つまり、仙台では当事者側も目の前の段差を無くすという即物的な解決に注目し、その背景にある権利や差別といった根源的な問題意識に対して（ごく一部の者を除いて）関心が薄かったのではないだろうか。

付 1-3　車いす市民交流集会での議論

仙台で開かれた車いす市民交流集会において、どのような議論がなされたのであろうか。当時は通信手段も限られており、車いす使用者が利用できる公共交通手段も限られていた。このような中で 30 名とはいえ、全国から集まったことには大きな意義があり、そこでは各地でどのような活動が行われているかの情報交換が活発に行われたであろう。「福祉のまちづくり－仙台・車いす市民交流集会」（文 10）は大会 1 年後に編まれた報告書で、大会後の参加者の感想文と「生活圏とは何か」という座談会の記録から構成された貴重な資料である。所収されているそれぞれの文は大会後 2 ～ 3 カ月して書かれたものであるから、当時の熱気が去ったのか、批判的な内容が多いことに驚かされる（以下、引用文にカタカナ書きの部分があるが原文のままである）。

冒頭で朝日新聞東京厚生文化事業団事務局長、水原孝は以下の 3 点を指摘し

（文 8）菅野鞠子『気がつけばそれぞれがそれぞれに咲く野原かな』2000 年 7 月
（文 9）菅野鞠子『気がつけばそれぞれがそれぞれに咲く野原かな　追補版』2000 年 12 月
（文 10）　福祉のまちづくり編集委員会編「福祉のまちづくり－仙台・車いす市民交流集会」1974 年 7 月

ている（文11）。

「①仙台での生活圏の拡大は画期的な出来事であるが、…造りましたというだけのものであって、実際に使って見た上での改善、改修がなされていない…」、「②生活圏の拡大は生活権の確立によってはじめて意味がある。…（このまちづくり運動の推進力となった西多賀ワークキャンパスについて：川内記）隔離されたキャンパスの中で主人公である彼らが抑圧され、自由な発言ができないような陰気な収容所に化しているように見受けられる。このためキャンパスの民主化が生活圏の拡大にすりかえられているのではないか」、「③…身障児を殺した親に減刑嘆願が行われ、世間の同情をかっている。なによりもまず身障者の生存権の確立をお互に確認しなければ、いうところの生活圏の拡大も生活権の確立もナンセンスだ…」。

多くの参加者は、仙台に行けばアクセシビリティにおいての理想郷があるとでも思っていたのだろうか。仙台市街を実際に歩いてみて、先述の山田のように素直に感心した人もいたが、がっかりしたとの声もある。

「仙台駅に着いて身障者用トイレを見つけ喜んで行ったが、トイレの位置が高くてガッカリした」（文12）

「…何人の障害者が介助なしにあのスロープを利用できただろうか。東京では数千カ所段差をなくすということになったが仙台のでは困る」（文13）。

当時の仙台以外の地におけるアクセシビリティについて私は情報を持っていないが、ただ単にスロープがあるといった外形的な観察だけではなく、アクセシビリティの質について見る目を持った参加者がけっこういたようである。

こういった批判については主催者側もある程度予測していたのか、以下のような記述もある。

「『ソレダケノ事デアル。シカシ、ソレスラ他ノ都市ハシテイナイデハナイカ。

（文11）【（文10）所収】「仙台で学んだこと」朝日新聞東京厚生文化事業団事務局長　水原孝

（文12）【（文10）所収】「車輪」No.1　S48.9.21　福祉のまちづくり運動交流集会　編集委員会（注7）

（文13）【（文10）所収】「車輪」No.2　S48.9.22　福祉のまちづくり運動交流集会　編集委員会

ダカラ仙台ニ学ビ、各地デ福祉ノ町ヅクリノ運動ヲクリヒロゲヨウ』というのが、主催団体の仙台福祉のまちづくり市民の会と朝日新聞厚生文化事業団の考えだった」(文 14)。

次に、この運動が西多賀ワークキャンパスから起こったことに対する辛らつな意見がある。

「『街』にみられる経済生産活動を中心とした『都市』はもともと身障者、老人、子どもを疎外した所でしか成立しない。そこでは『福祉のまちづくり』など望むべくもないのだ」、「…仙台での『福祉のまちづくり』の出発点が西多賀ワークキャンパスの車いす使用の一青年と学生ボランティアとの運動から発生したという事実が私には非常に気になるのだ」、「西多賀ワークキャンパスは車いす使用の身障者授産施設であり、そこで働けるということは社会経済活動に参加している、あるいはできる身障者なのである。…『仙台』がそうした従来の『街』の方向性から一歩もぬけだすことができなかったのもまた事実である」、「…(西多賀ワークキャンパスのような存在は:川内記)『社会で暮らせる人は社会で生きなさい。ここはそれの出来ない人たちを収容するのです』と公言してはばからない」、「…社会とはそうした異質のものを排除することによって『健全』なのだと信じ込んでいる健全者の思想が大きく働いている仙台の『まち』には重度障害者はなにものをも期待しえないのである」(以上、文 15)

(文 15) の筆者である横田弘が属していた青い芝の会は脳性まひの当事者を中心とした団体である。1970 年に横浜市で母親が重度心身障害のあるわが子を絞殺した事件が起こった。社会的支援のない中で介護疲れとわが子の将来を苦にしての犯行に世間からの同情が集まり、減刑や無罪を嘆願する運動が起こった。これに対して、青い芝の会は、殺される側の立場から、減刑や無罪は重度障害のある者の命が軽んじられることにつながり生存権の危機であるとして反対運動を起こすなど、徹底して、生産能力というふるいによって社会からはじき出される、あるいは殺されてしまう側の立場による主張を展開し、ある

(文 14) 【(文 10) 所収】車いす市民の声　－仙台の交流集会から－
(文 15) 【(文 10) 所収】方向性としての「仙台」　青い芝の会　横田弘

面において当時の障害者運動をけん引していた。その視点からは、西多賀ワークキャンパスの存在そのものが容認できず、そこから発生した「福祉のまちづくり」の本質に疑問を投げかけているのである。

また、のちに町田の福祉のまちづくりを推進することになる近藤秀夫も批判的な文を寄せている。

「…西多賀ワークキャンパスの見学は、“生活圏拡張運動”とは何か－を改めて考えさせてくれた」、「…ここでは障害者自身が生産能力という“ふるい”にかけられ、種類別に分けられる生活にほかならない。網の目に残らない障害者は、施設に廻され、“ふるい”の中に残った生産性に結びつきやすい障害者は、あたかもそれが全障害者の福祉向上のシンボルかのように取り扱われる」（以上、文 16）。

（文 14）には横田弘が集会で生存権の主張を行った経緯が書かれている。

「青い芝の会の会長の横田さんが…『私ハ話合イニ入ル前ニ障害者ニ生存権ガアルトイウ事ヲ全員ガ確認シナケレバ話合イニ入レナイ』と重大な動議を出した」。

この動議を受けて 3 時間に及ぶ議論の末に、以下のようにまとめられた。

「…障害者ガ社会ノ成員デアルトイウ当然ノ原則ヲ打チ立テテユクコト。ソレガスベテノ人達ニ基本的人権ガ保障サレ、決シテ侵害サレテハナラナイ社会ヅクリトナル。コレガ生活圏拡大ノ本質デアル」（文14）。

さらに（文 14）では「『歩道にスロープを作ったり、身障者用トイレができただけで“福祉のまちづくり”ができた、というあさはかな錯覚をふりまかれてはたまらない。重度の障害者が人として尊重され、生活できなければナンセンスだ』として、生存権の確認を前提に、生活圏の拡大をはかり、それを生活権の確立によって支えられなければならない…」とも書かれているが、「…この訴えすら、参加者全員のものとはなっていなかったのだ」との記述からすれば、こういった権利を主軸に置いた考え方に賛同しない人もいたようである。そしてその矛盾はすぐに露呈した。

「…司会の仙台代表が『市民の意識を変革しヒューマニズムに基づいて運動

（文 16）【（文 10）所収】「施設と労働について」　生活圏拡大運動東京連絡会　近藤秀夫

を展開し…』」と述べたことに東京からの代表が激しく抗議し、「運動の軸に基本的人権をすえ、それをまとめの根幹に置くよう書き改めさせた」のである（文14）（注7）。

このくだりは、参加者の中に大きな二つの考え方があったことを示している。しかしその違いは「ない」はずであった。（文3）には仙台の人たちが朝日新聞厚生文化事業団の助成で作った福祉のまちづくり啓発スライドの写真が載せられている。「みんなの街づくり」と力強い手書きで大書された表紙2枚目のスライドには「このスライドは、私たち市民1人1人が基本的人権に基づき、自由と平等な社会生活を営むことができるような環境づくりを目指して、地域社会の一つの小さな諸問題を、市民運動として盛り上げ、改善の道を拓いていくために制作したものであります」という「スライド作成の目的」が書かれていたという。そしてこのスライドは「1973年9月の車いす市民交流集会でも上映された」（文3）のだという。ということはそれ以前にこのスライドは作成されていたわけで、基本的人権、自由、平等といった基本的理念について仙台の人も十分に承知していたということを示している。それなのに対立が起こったのである。以下は私の想像に過ぎないが、仙台の人も理念は知っていた。しかしそれが十分に腑に落ちていない状態であったために、その矛盾を東京からの代表にとがめられたのではないかと思う。そうであれば現在と状況は大して変わらない。現在でも、基本的人権、自由、平等を上滑りの修飾語として使いつつ、実感覚を持ち得ていない人はたくさんいると私は思っている。これは私自身への自戒を込めた印象である。

仙台の取り組みについて、横田と同じ青い芝の会の秋山和明も厳しい記述を行っている。秋山によれば、西多賀ワークキャンパスという「施設」から始まった「福祉のまちづくり」運動そのものが間違っていることになる。

「…同じ市民でありながらなぜ、私たちは教育も仕事も保障されず行動の自由すらうばわれているのでしょうか」、「それは生産活動に参加できない人間はどんどん切りすててゆく能率、生産第一主義の思想から生まれてくるのです」、「私たちの生活圏運動はこのような思想に対決し、告発していく運動であり奪

（注7） 会場では、議論されたことが新聞となって翌日には配布されていた。

われた権利の奪還であり、社会的市民権の確立だと思います」、「仙台の運動が基本的なところで、なにかまちがっていたのではなかったかと、思わざるをえないのです」、「私たちの運動はこの（隔離施設主義で一時代前の身障施設の：川内記）パターンを根本から変えていくことで、今までのパターンを肯定した生活圏運動はありえないのです」、「障害の重、軽、能力の有、無を問わず地域で市民として生きることは当然なのです。それが出来なければその障害を取りのぞけばいいのです」（以上、文 17）。

また近藤秀夫も、秋山ほど直接的ではないが、やはり仙台での取り組み方法に疑問を呈している。

「この社会が障害者にとって住めるところでないのは、何故なのかというようなところに考えが発展していかないと、本当の“権”を主張する“生活圏問題”にはならないと思うのです。仙台の場合には、その『不自由だ』ということだけが強調されて、ただ、その解決のみになってしまったと思います」（文 18）。

ただ、こういった熱気を帯びた議論を冷ややかに見つめていた人もいた。

「…身障者にも若い人には、抽象的な理屈をこね回すのが好きな人がいるようで、会議のときも、ほんの少数の特定の人らしいが、私などから見れば非現実的に思えることや、批判のための批判を一方的にいつまでも主張したり、やたらと要求を掲げようとするのに、少々やり切れぬむなしさを感じた」（文 19）。

これを書いた石坂直行は 1973 年に『ヨーロッパ車いすひとり旅』という本を著し、海外旅行という当時の障害のある人にとってはなかなか体験できない経験を広く伝えた人物であるが、「生存権」あるいは「生活権」といった議論に対してかどうかは言及していないものの、会場の雰囲気について行けない思いを抱いていたようである。

（文 17）【（文 10）所収】「市民として生きる」　青い芝の会　秋山和明
（文 18）【（文 10）所収】座談会「生活圏とは何か」4 月 19 日（金）於. 中野サンプラザ
（文 19）【（文 10）所収】「身障者の中の強者と弱者」『ヨーロッパ車いすひとり旅』・著者　石坂直行

同様に議論を冷めた目で見ていた人の中からは、実際にこれからどうすればいいのかという、現実的な疑問も出されている。

「…残念であったことは、生活圏運動を今後どの様に進めていったらよいかという前向きの話し合いが少なかったということであります」。

「…仙台の実態の見学会という意味ではなく、全国個々バラバラに、行ってきた生活圏運動が話し合いを通じて、お互いの理解と協力を深めるという意味を持つべきであった今回の市民交流集会から、その様な話が多く聞かれなかったことに空虚なものを感じる…」(文 20)。

名古屋から参加し、のちの当事者運動において大きなけん引力となった山田昭義は、この会議に積極的な意義を見出し、「福祉のまちづくり」について考察している。

「障害者が人間らしく生きたいと願い、社会がそれを受け入れてくれ、行政が援助してくれる、小さい尊い精神を育てはぐくむことこそ“福祉”であり、そんな体制こそ“福祉のまち”だ」(文 21)。

付 1-4　福祉のまちづくりの本質への模索

このように、福祉のまちづくり先進地であった仙台の取り組みは、当時であっても他の地方から来た障害のある当事者側から厳しく批判されていたが、私は当時の仙台こそが今日にも続くこの問題に対する日本人の基本的な姿勢であると考えている。すなわち、障害のある人がアクセシビリティ整備を主張し始めた時点から、それは目の前の物理的な困難を取り除くことであり、なぜそうしなければならないかについては、その主張を受け止める人々の感情(「心」「やさしさ」「思いやり」)に訴えかけることに力を注ぎ込むあまり、背後にどのような問題や思想があるかについて論理的に考えを深めるという姿勢ではなかったし、障害のある当事者もそれに大して頓着してこなかったのではないだろうか。そして新聞をはじめとするメディアもそういう感情に偏った報道をし

(文 20)【(文 10) 所収】「反省と今後の課題」 身障者生活圏拡張運動実施本部　斎藤清春
(文 21)【(文 10) 所収】「人間らしく生きたい」 愛知県重度障害者の生活をよくする会　山田昭義

てきたのではないだろうか。

仙台の大会で「福祉のまちづくり」という呼称の是非について議論された形跡はない。しかしながら「福祉のまちづくり」とはどうあるべきものかについては、批判や対立を含みながら、さまざまな議論が交わされたようである。

折しも1973年は、前年に誕生した田中角栄内閣のもとで福祉元年と呼ばれるようになり、仙台市と北九州市が福祉のまちづくり都市宣言をした年でもあった。ブルドーザー宰相とも呼ばれた田中のもとで、好景気を背景にした列島改造論に乗り、福祉のまちづくりもハード整備に主眼を置いてスタートした。

私には、仙台以降に行政の関与が進み、ハード整備に予算が付き、技術的な問題に口出しできる知識も経験もない障害のある当事者たちが、権利を軸とした主張を技術にインプットすることができなかったのではなかったかと思われる。行政の施策が各担当部署にブレークダウンした先では、理念ではなく具体的な解決策が優先されるのは、ある意味で当然の流れであろう。

それでも行政や技術者が、障害のある人の実態や交わされている意見について一定の知識や理解があれば、また方向性は違っていたのかもしれないが、残念ながら強固な隔離教育の下で、子どものときから分離された環境に育ってきた彼らは、自分たちが障害のある人のことを知らないのだという自覚なしに技術的な解決を考えたのではないだろうか。

そして、わからないなりに、「福祉のまちづくり」を理解するのに人間の中にある「心」「やさしさ」「思いやり」が引っ張り出され、感情という人々の琴線に訴えかけることで「福祉のまちづくり」はその推進に必要なエネルギーを獲得してきたのではないか。

障害のある当事者側にも、従来のような憐れみのこもった目で障害のある人をとらえる伝統的な姿勢に違和感を持たず、それに真っ向から異を唱える筋張った権利主張になじめない人がいて、次第に、抽象的な「権利」や「差別」よりも、わかりやすい「段差」や「寸法」に気を取られる人が主流となって今日に至っているのではないかと、私には思われる。

付 1-5　車いす市民交流集会のその後

1973 年に仙台で開かれた車いす市民交流集会は、その後「車いす市民全国集会」の呼称で、1975 年京都、1977 年名古屋、1979 年東京、1981 年大阪と、隔年での開催となった。その意義について、山形から京都にある日本自立生活センターに身を投じ、日本の当事者運動をけん引してきた一人である矢吹文敏は以下のように述べている（文 22）。

「(市民集会に参加する：川内記）エネルギーが生まれるのは、私たちが、『障害を持たない成人男子を基準とする規格と効率の環境』を厳しく批判し、『障害を持つ者の人間としての価値および尊厳を（この）社会が正しく評価するかどうか』を自らの身体と行動で一人ひとりが問いかけるからであります」、「私たちは『建物の出入口の広さにあわせて車いすを作り、車いすにあわせて自分の身体を細くしてきた』障害者の生き方をきっぱりと拒否しなければなりません。『トイレがないために水を飲まず、仕事や住宅がないから施設に入る』という短絡的な手段や結論を見い出してはならないのです。『自分たちの住むまちを障害者が歩けるか否か』という問いかけから、さらに進んで『このまちで生活できるか否か』を考え都市環境の抜本的見直しを図らなければならないのです」。

(文 22) 【国際障害者年日本推進協議会編「完全参加と平等をめざして　－国際障害者年のあゆみ－」財団法人　日本障害者リハビリテーション協会、1982 年 3 月、所収】「提言／完全参加と平等をめざして」推進協：車いす市民全国集会山形県支部　矢吹文敏

付章第 2

朝日新聞厚生文化事業団の果たした役割

付 2-1　朝日新聞厚生文化事業団の沿革

わが国の障害のある人の歴史を見るとき、社会福祉法人朝日新聞厚生文化事業団（以下、事業団）の果たしてきた役割は大きい。ここでは特に、仙台でのまちづくり運動前後の事業団の活動を見る。

事業団は「関東大震災の救援活動や歳末同情週間実施を契機に、本来の新聞報道の使命とは別に社会福祉事業の実践組織」として創立された「社団法人朝日新聞社会事業団」が始まりである（文 1）。

1964 年の東京パラリンピックの招致においては「このパラリンピック（注 1）は、東京オリンピックが終わったあと国内で実施を提唱しその推進の中心になったのが朝日新聞厚生文化事業団」（文 2）であったという。

この大会において「外国選手の活躍がすごく日本選手の不振は、いかにリハビリテーションが日本では遅れているかを如実にみせた」（文 2）との教訓を得て、「厚生省は昭和 40 年（1965 年：川内記）から毎年、…国体のあと引き続いて全国身障者スポーツ大会を開くことを 40 年 1 月 19 日に発表した」（文 2）。

パラリンピックが前年の 11 月に開催されたのであるから、極めて短時間にこの決定がなされたわけで、それだけ世界との差に大きな衝撃を受けたものと思われる。しかしながらその動機は、少なくとも（文 2）の記述によれば「リハビリテーション」であり、社会モデルの視点による社会環境に対する問題意識は述べられていない。

（注 1）（文 2）によれば「国際身体障害者スポーツ大会、通称パラリンピック」としている。

（文 1）朝日新聞厚生文化事業団 HP「事業団の沿革」
http://www.asahi-welfare.or.jp/about/history/

（文 2）『朝日新聞大阪厚生文化事業団 55 年のあゆみ　先駆』1984 年 5 月

（文 2）ではパラリンピック後に「盲人カナタイプ競技大会を後援（昭和 40 年）」「サリドマイド児らの自立へ初のキャンプ（昭和 47 年）」「脳性マヒ問題セミナー」などの事業が記録されている。このうち「脳性マヒ問題セミナー」は 1971 年に広島、72 年に別府で開かれているが、そこではリハビリ、教育、就労、結婚等について専門家を中心としたセミナーが行われたようである。「脳性マヒによる身障者のための施設、養護学校、職業訓練施設などの関係機関の従業者や社会福祉関係の人を集めて」（文 2）とあるから、脳性まひ当事者が直接参加したセミナーではなかったようである。

付 2-2　京都市への働きかけ

1971 年には事業団は、京都市に対して「車いすで歩ける街づくり」を提唱、推進している。「日本には身障者が 140 万人いるといわれ…ふえる一方なのに、外国にくらべてその対策があまりにも貧弱なため『モデル街づくり』をして全国的にキャンペーンをしようというねらいであった。…京都市をモデル都市にして『車いすで自由に外出、通勤や買い物が出来、レジャーも楽しめる街づくり』を提唱したのである」（文 2）。

これに対して京都市も「街づくりのための特別委員会を作って当面の事業を決め、更に長期計画も練ることになったのである。当面、京都市は歩道と車道の段差をスロープにしたり、動物園や植物園などに車いすを置き早い反応を示した」（文 2）。

翌 1972 年 8 月に事業団、京都市などで構成する「障害者のためのモデル街づくり推進懇談会」（略称「まちこん」（文 3））が結成され、同年 11 月には身障者が京都市を実態調査し、市長に意見書を提出している。これを受けて京都市は「歩道の段差のスロープ化」、「身障者用公衆便所の新設」、「横断歩道に点字ブロック」、「市役所や地下鉄の建設における身障者への配慮」、「車いす専用市営住宅」などの具体策を進めることにした。

この活動は 1973 年には市民への啓発活動に広がり、74 年には大阪と京都で

（文 3）　廣野俊輔「京都と大阪における地下鉄にエレベーターを設置させる運動年表」立命館大学生存学研究所、arsvi.com（グローバル COE「生存学」創成拠点 HP）、http://www.arsvi.com/d/a011968ko.htm

「電動車いす試乗会」を開催。また仙台の車いす全国集会を継承した「新幹線でむすぶ車いす集会」を 75 年に京都で開いた。

「福祉のまちづくり」の始まりと言えば仙台が名高いが、仙台は草の根の活動を市が後押しした感じであるのに対し、同時期の京都市の取り組みは、事業団と共同で施策として展開していたのである。そう考えると、福祉のまちづくりの初期において、京都は東の仙台に並ぶ西の中心地であったと言えるであろう。だからこそ仙台で開催された「車いす市民交流集会」の 2 年後に、その後継大会である「車いす市民全国集会」を京都で開くことができたのであろう。

付章第 3

町田市の取り組み

付 3-1　1974 年の要綱

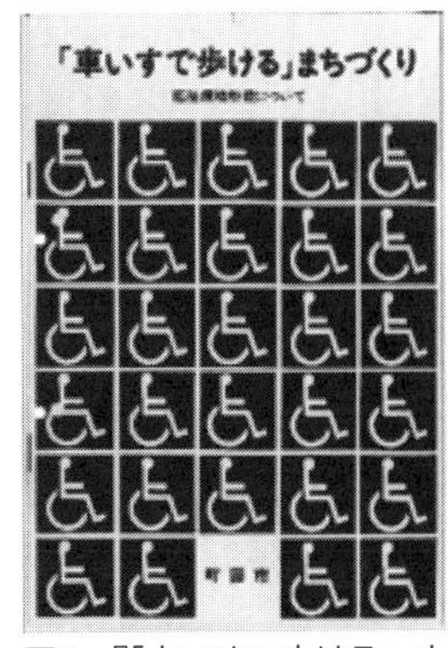

図 1 『「車いすで歩ける」まちづくり』表紙

仙台での「車いす市民交流集会」の翌年、1974 年 8 月 1 日に東京都町田市が「町田市の建築物等に関する福祉環境整備要綱」を施行し、「福祉環境整備」という言葉でハードの整備が行われるようになった。これが現在のアクセシビリティ整備につながる行政の動きの先駆けである。

『「車いすで歩ける」まちづくり　福祉環境整備について』（文 1）はその整備要綱に加えて、現代で言えばガイドラインに当たる「ハンディキャップを持つ人のための環境整備基準」を載せ、冒頭に市長のあいさつ文を載せた冊子（注 1）である。

当時の町田市長でこの整備要綱の実現に強いリーダーシップを発揮した大下勝正は、そのあいさつ文に「だれもが人間らしく！」という力強いタイトルを付け、基本理念として「(1) 人間の尊厳を守ること。(2) 人間の生活の場は、本来《家庭》および、《地域》であること。(3)…ハンディキャップを持つ人々を隔離せず《地域社会》でみてゆくこと。」と述べている。「…つまり、いろいろな生活体験・社会体験を健康な人間と同じように

(文 1)　企画部秘書課広報係・福祉部福祉事務所編『「車いすで歩ける」まちづくり　福祉環境整備について』東京都町田市発行、1975 年 3 月

(注 1)「町田市の建築物等に関する福祉環境整備要綱」は 1974 年施行だが、冊子としての『「車いすで歩ける」まちづくり』は 1975 年に発行。1984 年に要綱が改訂された際は、冊子も同年に発行されている。

味わい、また社会参加の場をより多く確保していくこと等があげられます。」と権利条約の「他の者との平等」と同様の目標を示している（文1）。

大下市長は続けて、「この〈福祉のまちづくり〉をさらに前進させて制定されたのが、『町田市の建築物等に関する福祉環境整備要綱』です」、「(ハンディキャップを持つ人々：川内記）を無視し、切り捨てる論理を黙認してはなりません。何よりも大切なことは、ひとりひとりの人間に対して誰もが、肌のぬくもりを感じる心づかいを持つことが、この制度の前提にあります」と述べ、「この要綱に基づいて都市計画法・建築基準法・道路法・道路構造令など、まちづくりに関連する諸法令が、今後すみやかに改正され《福祉のまちづくり》が全国各地で一層発展するよう…」と述べて、地方自治体の長として国の積極的な関与を促している。現在、いわゆる「福祉のまちづくり条例」が全国に普及している状況を考えれば、大下市長の先見性は特筆すべきものであろう。列挙された法からは、大下市長の認識では福祉のまちづくり＝ハード整備、だったようである。私はここで、大下市長が「福祉環境整備」と呼んでいることに注目したい。段差解消といった一つひとつの行為ではなく「福祉環境整備」というひとまとめで呼ぶことで、それぞれの部位ではなく生活に関わる全般に及ぶことだということを強調したかったのであろうか。

さらに大下市長は、「福祉環境整備」のことを「福祉のまちづくり」と呼び、「肌のぬくもりを感じる心づかいを持つことが、この制度の前提」だとしており、「福祉」や「心」がごく自然に抵抗なく使われている。

町田市が全国に先駆けて制定した「町田市の建築物等に関する福祉環境整備要綱」は条例ではなく要綱である。要綱とは、行政のさまざまな事務事業に関する手続、基準、運用方法等を定めたもので、民間の事業者等に対して強い力のあるものではないから、実質的な効力については疑問符が付くが、アクセシビリティについて行政が関心を持ち、積極的に関わっていくという姿勢を示したことは、他の自治体に影響を及ぼすこととなった。

（文1）では、わずか1ページに収まる全5条の要綱と、その後に目次も入れて17ページの「ハンディキャップを持つ人のための施設整備基準」が付属している。ここでは「建築物に関する一般構造」として、5ページにわたってスロープ、階段、ドア等の簡単な図が示されている。その後に「建築物またはその敷地と道路等の関係」として点字ブロック、歩道の幅員、駐車場といった屋外関係が2ページ、トイレ等が4ページ、エレベーター、電話等の「建築設備等」が1ページ、そして車いすに関する基礎寸法が4ページ。今の感覚では、この程度の情報では具体的な設計に有用だとは思えないが、当時としては実際の経験があまりない中での精いっぱいの情報だったのであろう。

付 3-2　要綱制定の動機

大下市長はなぜこの要綱を作ることにしたのか、その動機については彼の著書である『車いすで歩けるまちづくり』（文2）に詳しい。

大下市長は就任以来、横断歩道部分の歩道の切り下げや建物の段差解消、車いすで使えるトイレ整備などを行ってきていた。それは「最悪の条件にある人びとに合わせて諸施設をつくっておけば、すべての人びとの利便に供することができる」（文2）という信念に基づいたものだった。そしてこの取り組みを始めるとベビーカーを押す若い母親や高齢の人から感謝の声が寄せられるようになったという。しかし、特にトイレにおいて「いくら口でいっても…満足にできあがったものはない」（文2）という現実に、「一定の基準を文書化し、図案化して指示する以外に道はない」（文2）と確信するようになり、さらには「身障者が安心して外出できるように、…全国一律の基準、約束事が絶対に必要である」（文2）と考えるようになった。

ところが、都市計画法、建築基準法、道路法の目的や理念に「たしかに福祉という字句が使われ、最低の基準とか、生命、健康とかのことばが書かれている。しかし、福祉の内容はどういうことなのか、さっぱりわからない。また最低の基準を一体どのような人を対象にして定めているのか。だれの生命、だれの健康を保護しようとし、だれの都市生活をまもるつもりでいるのか明らかでない。条文の内容はすべて物的な規定に終始し、だれのための都市計画なのか。だれのための建築物なのか、だれのための道路なのか理解できない。…そこには当然物的計画の背骨となる理念的規定があってよいはずだが、それがない」（文2）と憤慨している。

さらに憲法第25条の「すべての国民は、健康で文化的な最低限度の生活を営む権利を有する」を引いて、憲法では「すべての国民」と言っているのに、

（文2）　大下勝正『車いすで歩けるまちづくり』ありえす書房、1977年6月

都市計画法、建築基準法、道路法では「すべての国民」あるいは「すべての」が削られていると指摘し、「すべての国民」とすれば、「条文のなかに、どうしても盲人や車いす利用者やその他の身障者を配慮した規定をもりこまねばならなくなるはずである。それがないということは、基本理念も、福祉の思想も、なにもないということと同じである」(文 2) と指摘している。

そして「国の立法に期待できないとするならば、まずその必要性を痛感した町田市で、事を始めねばならぬ。その基本を、憲法の『すべての国民』において、かくして、出来上がったのが『町田市の建築物等に関する福祉環境整備要綱』である。この要綱は、公共の用に供するすべての建築物や都市の装置は、すべての市民が利用しうる構造とし、とくに老人、妊婦、身体障害者等ハンディキャップを持った市民の優先利用を前提として計画されねばならない、と規定した」(傍点原文) (文 2) と述べている。

彼のこの思想は「町田市の建築物等に関する福祉環境整備要綱」第 1 条に以下のように盛り込まれている。「この要綱は建築にあって、その建築物がすべての市民が利用し得る構造とするよう建築主に協力を要請し、もって町田市における福祉環境を整備することを目的とする」。

このように大下市長は「すべての市民」にこだわっている。それは、「すべて」を強調することによって自動的に「盲人や車いす利用者やその他の身障者」が含まれて来ることを見越してのことのように私には見える。彼は (文 1) において「ハンディキャップを持つ人にあわせてつくれば、すべての人が利用できるのです」と述べているから、その象徴的な表現として (文 1) のタイトルを『「車いすで歩ける」まちづくり』としたのだとも考えられる。

さらに大下市長は町田市に続く動きが生まれ、やがては国に届くことを期待し、「やがて、いつかは、必ずや、現行都市計画法の基本理念や建築基準法、道路法の規定を改めさせずにはおかないであろう」(文 2) と、国による全国規模の施策の展開に希望を託している。

アクセシビリティについて、既存の各法にその規定を入れ込んでいくのか、あるいはアクセシビリティに特化した法律に集約するのかという議論があり、わが国の現状は「バリアフリー法」という後者のやり方となっているが、大下市長は前者のやり方を思い描いていたようである。しかし彼が強調している理念については、特に「権利」という視点の明言がなく、私としては若干残念に感じるところである。

町田市ではこの要綱だけでなく、近藤秀夫という車いす使用の当事者を雇い入れ、まちづくりの推進力とした。これは特筆すべき取り組みであった。

付 3-3　町田に続いた取り組み

建設省（当時）は 1975 年に「身体障害者の利用を考慮した設計資料」を作成し、官庁等の設計におけるアクセシビリティの具体的情報を示した。翌 76 年には京都市が「福祉のまちづくりのための建築物環境整備要綱」を作成。77 年には「神戸市民の福祉を守る条例」、「福祉の都市環境づくり推進指針」（横浜市）が作られた。こうして「福祉のまちづくり」という言葉は次第に定着し、国や自治体の縦割りの中でそれぞれの事業に落とし込まれていく中で、その事業の実施のためのハウ・ツーに関心が向けられ、「権利」「平等」「尊厳」といった理念は押しやられていった。

当時は革新系と呼ばれる、共産党系や社会党（当時）系の市長が各地にいて、さまざまな特徴ある施策を打ち出していた。町田市の大下勝正は、1970 年に初当選し、その後 1990 年まで 5 期 20 年にわたり町田市長を務めた。

また仙台で 1973 年に開かれた「車いす市民交流集会」のときの仙台市長、島野武も革新系で、1958 年から 1984 年まで市長の座にあった。同時期の京都市長、舩橋求己も革新系で、1971 年から 1981 年まで在任。1977 年に「神戸市民の福祉を守る条例」を作った当時の神戸市長は宮崎辰雄（1969 年から 1989 年まで在任）で、彼の場合は各政党の相乗り支持であったが 1973 年から 1977 年の間は自民党の支持はなかった。また同じ 1977 年に横浜市は「福祉の都市環境づくり推進指針」を作ったが、そのときの市長は飛鳥田一雄（1963 年から 1978 年まで在任）で、彼も革新系だった。

こうして見ると、革新系あるいは革新系に何らかの親和性を持つ市長のもとで、福祉のまちづくりに関する先進的な取り組みが行われてきた例が多いようである。

付 3-4　1984 年の要綱

1974 年に作られた「町田市の建築物等に関する福祉環境整備要綱」は 10 年後の 1984 年に改訂された。『町田市の建築物等に関する福祉環境整備要綱』はその際に作られた冊子で、構成は（文1）と同様に冒頭に市長のあいさつ文、そのあとに要綱、そして「ハンディキャップを持つ人のための施設整備基準」である。前の要綱から10年が経っているために、要綱は1ページ5条から3ページ8条に、また施設整備基準も17ページから30ページに増え、巻末に参考資料として3ページを取ったうえで、どの用途のどの規模の建物にどの基準を適用するかを示した「建築物の福祉環境整備基準適用表」（いわゆる星取表）も付いているという具合に、情報も具体的になっている。

しかし冒頭の大下市長のあいさつ文には、1975年版に比べて元気が無くなっているのである。タイトルは1975年版が「だれもが人間らしく！」だったのに対して「ごあいさつ」であり、1975年版に盛り込まれていた「尊厳」「家庭・地域」「反隔離」といった理念的な言及や、彼の理想を語った熱気は一切なく、淡々とした記述が続いたあとに「『誰もがいきいきと暮らせる福祉社会の実現』を目指していきたいと考えております」と述べているのみである。1984年で大下市長はまだ57歳である。年齢のせいではあるまい。

この変化の理由は不明である。しかしこの変化は、その後のわが国の「福祉のまちづくり」の方向性を暗示していたと、私にはそう思えて仕方ない。

付章第4

神戸市民の福祉をまもる条例

1977年に制定された「神戸市民の福祉をまもる条例」は、「福祉のまちづくり」が初めて条例として作られたものだと言える。

この条例は、第2条の（市民福祉の基本理念）で以下のように述べている。

「すべて市民は、健康、所得、教育、労働、住宅等生活の基礎的条件が安定的に確保されることにより、生涯にわたり人間に値する生活と人格の自由な発展とがひとしく保障されなければならない。」

この一文からもわかるとおり、町田市の要綱が「最悪の条件にある人びとに合わせて諸施設をつくっておけば、すべての人びとの利便に供することができる」との信念のもとに、障害のある人に対象を絞り込んでいるのに対して、神戸市の場合は市民全般の生活の質のかさ上げを目的としていた。そのため規定していることは「健康の確保」、「教育機会の確保」、「労働福祉の充実及び社会参加の促進」、「住宅の確保」、「家庭福祉の充実及び地域福祉の向上」、「都市施設の整備」など多岐にわたっていた。このように、この条例はアクセシビリティに特化したものではなかったが、その中の一部に関連する記述があった。（条文の文言は成立当時のものによる）（注1）

（都市施設の理念）

第35条：都市施設（道路、公園その他の公共施設…及び教育施設、購買施設その他の公益的施設…）は、老人、心身障害者をはじめすべての市民が安全かつ快適に利用できるように配慮されなければならない。

（都市施設整備基準の設定等）

第36条：市長は老人、心身障害者等による都市施設の利用の便宜を図るた

（注1）現在の「神戸市民の福祉をまもる条例」は、その後の社会変化を受けて一部の表現が手直しされ（例えば「老人、心身障害者」は「高齢者及び障害者」に変わっている）、また第36条と第37条が削除されている。

め、都市施設の構造、設備等について必要な基準（以下「都市施設整備基準」という。）を定めるものとする。

（都市施設整備基準の遵守）

第 37 条：都市施設を設置し、又は管理するにあたつては都市施設整備基準を遵守しなければならない。

第 39 条：市民及び事業者は、都市施設が老人、心身障害者等への配慮のもとに整備されることについて理解し、必要な協力を行わなければならない。

この条例は神戸市が「福祉都市」を目指して全国に先駆けて作ったもので、条例であるから町田市の要綱と比べるとより強力なものである。したがって町田市の要綱では「建築主に協力を要請し」（第 1 条）となっていたものが、神戸市の条例では「必要な協力を行わなければならない」（第 39 条）と明確である。

ここで言う「福祉」について、当時の宮崎市長の議会答弁では、「福祉というのは広い意味と狭い意味がある」として、「広義の福祉は、憲法 25 条の『健康にして文化的な最低限度の生活』を保障すること」であると述べ、福祉条例では「その広いものをとり上げておるのであります」と答えている（文 1）。

そして条例前文で「すべての市民が、その所得、医療及び住宅を保障され、教育、雇用等の機会を確保されるとともに、不屈の自立の精神を堅持することによって、人間としての尊厳を守り、人格の自由な発展を期することのできる社会こそ福祉社会といわなければならない」と福祉社会を定義付けている。

1974 年の町田の要綱では、大下市長があいさつ文「だれもが人間らしく！」で、基本理念として「人間の尊厳を守ること」と述べている。神戸の宮崎市長も「尊厳」という言葉を使っているが、大下市長の場合は社会環境のせいで参加させてもらえない障害のある当事者の無念さが見えていて、その視点からの「尊厳」である。一方で宮崎市長の言葉からうかがえるのは、そういった生々しさの消えた、特に対象を特定しない一般的な言葉としての「尊厳」であるように思われる。

もちろん市長のキャラクターの違い、市の状況の違い、要綱と条例の違いといったさまざまな要素があるから、視点が異なることは理解できるが、この当時から「福祉のまちづくり」はその定義のあいまいさからか、さまざまな見方をされていたことがわかる。

（文 1）神戸市議会議事録、1976 年 12 月 8 日　第 4 回定例市議会第 2 日（第 15 号）

付章第5
バリアフリー法

付5-1　アクセシビリティ整備への取り組みの始まり

日本におけるアクセシビリティ整備への取り組みは、1969年に仙台で、車いす使用者が小さな声を上げたことに始まる。そしてそれはいくつかの団体を巻き込みながら「福祉のまちづくり市民の集い」という生活圏拡張運動につながっていった。そして、70年代に入ると地方自治体や国でも取り組みが始まった。その先駆けとなったのは東京都町田市で、1974年に「建築物に関する福祉環境整備要綱」を制定した。町田市に続いていくつかの地方自治体で徐々に取組みが始まっていったが、まだ影響力の弱いものであった。

この時期には国の取り組みも始まっている。国は官庁を中心とした公共建築物へのアクセシビリティ整備から取りかかり、1973年には厚生省（当時）が「身体障害者福祉モデル都市事業」を創設した。同じ73年には建設省（当時）で、「歩道段差切り下げ・視覚障害者誘導用ブロック指針」が策定され、横断歩道に入る部分の切り下げについての通達が出された（文1）。ここではその目的を「老人、身体障害者、自転車、乳母車等…の通行の安全と利便を図るため」としており、当時から高齢の人や障害のある人や乳母車等への配慮が対象に含まれていた。

1975年には建設省官庁営繕部（当時）が、「身体障害者の利用を考慮した設計資料」を作成した。しかし、アクセシビリティを義務付ける法制度のない中では、これらは情報としては貴重であったが民間の建築物には広まらず、まちのアクセシビリティはなかなか改善されなかった。

（文1）　建設省「歩道および立体横断施設の構造について」1973年5月2日、都街発第16号国連が1981年に「国際障害者年」、1983～92年に「障害者の10年」と大きなキャンペーンを行ったことを契機に、世界の情報が大量に国内に流れ込んできた。1972年にアメリカのバークレーで始まった自立生活運動の情報や、車いす使用者が自由に移動し買物ができるまちが存在するといったニュースに接し、人々は日本社会のアクセシビリティが世界のレベルに遠く及ばないことを知ることとなった。さらに、高齢化が差し迫る問題だとの認識が80年代後半あたりから徐々に広がり始め、それへの対策の一つとしてアクセシビリティが注目されるようになったのである（注1）。

国は1982年に「障害者施策推進本部」を設置。同年、「国連・障害者の10年」の国内行動計画として「障害者対策に関する長期計画」を策定した。

障害のある人自身による、世界的な動きと連動した活動も80年代に登場し始めた。それまでも、例えば青い芝の会のバス乗車運動などが行われていたが、広く社会の支持を得るには至っていなかった。DPI（Disabled Peoples' International）（障害者インターナショナル）が81年に発足したのを受けて、86年にはDPI日本会議が誕生。1988年に東京で第16回国際リハビリテーション世界会議が開催された際に、同会議は「誰もが使える交通機関を求める全国行動」を開始した。DPI日本会議が誕生した1986年には、アメリカの自立生活運動の影響を受けて、東京、八王子にわが国最初の自立生活センターであるヒューマンケア協会が設立され、障害のある当事者によるサービス提供と社会運動を担う活動が広まっていった。

そのようにわが国が世界を意識し始めた90年、アメリカでADA（Americans with Disabilities Act：障害のあるアメリカ人に関する法律）ができた。

「福祉のまちづくり」という呼称からもわかるとおり、日本ではアクセシビリティ整備を「福祉」の問題だと扱い、人の善意をよりどころにするものだと考えてきた。それに対してADAは、障害のある人の自己決定を重んじ、社会参

（注1）　わが国の高齢化率（65歳以上の高齢者人口が総人口に占める割合）は70年に7.1%となり、「高齢化社会」と呼ばれる7%を超えた。そして94年には「高齢社会」と言われる14%を超えた。2007年には「超高齢社会」とされる21%を超え、2018年10月現在で28.1%（令和元年版高齢社会白書）となっている。わが国の高齢化は、その率の高さもさることながら、「高齢化社会」から「高齢社会」にわずか24年、「高齢社会」から「超高齢社会」にはさらに駆け足となって13年で到達したように、世界に類のないスピードにあり、世界が日本の対応を注視している。

加を権利として主張するアメリカの当事者運動をもとに、障害のある人の社会参加を妨げる状況を差別と断じて、その是正を罰則付きで迫るものであった。

90年代に入ると、高齢化への危機感から全国の地方自治体で「福祉のまちづくり条例」の制定が相次いだ。こうした地方自治体の動きを受けて、国は1994年に建築物のバリアフリーについて定めた「ハートビル法」を、2000年には公共交通のバリアフリーについて定めた「交通バリアフリー法」を制定して、それまでの公共施設中心から、民間をカバーする法律によって整備を進めていく方向性を明確に打ち出した。そして2006年には「ハートビル法」と「交通バリアフリー法」を合体させて「バリアフリー法」が誕生した（注2）。

付5-2　福祉のまちづくり条例

条例は日本国憲法第94条の「地方公共団体は、…法律の範囲内で条例を制定することができる」によって、地方自治体が自主的に定めるものである。条例には大別して二つのものがある。一つは、その分野において既に国の法律があり、その法律の規定の中で地方自治体の条例に委ねている場合（委任条例）であり、もう一つはまだその分野に関する国の法律が存在しない場合に、地方自治法第14条の「普通地方公共団体は、法令に違反しない限りにおいて…条例を制定することができる」を根拠に地方自治体が自主的に制定するもの（自主条例）である。条例は国内法体系の一部であり、国の法よりも下位に位置付けられているものである。

本書で取り上げている「福祉のまちづくり条例」は自主条例であり、92年10月に兵庫県や大阪府が相次いで制定したのを皮切りに、極めて短期間にほとんどの都道府県で制定されることとなった（注3）。なお兵庫県や大阪府では「福祉のまちづくり条例」という名称であるが、93年に山梨県で作られたものは「山梨県障害者幸住条例」という名称である。このように名称は異なっても、

（注2）　2006年にできた「バリアフリー法」は、当初は「バリアフリー新法」と呼ばれていたが、現在は「新」が取れ、「バリアフリー法」となっている。しかしこの変更が十分周知されておらず、現在でも「新」を付けている人や、別の法律だと思っている人もいて、若干の混乱が見られる。

（注3）　全国47都道府県のうち、90年代に43の都道府県で制定を完了していることからも、その普及の早さがわかる。

類似の条例は総称して「福祉のまちづくり条例」と呼ばれている。

ほとんどの福祉のまちづくり条例には、建築物、公共交通、道路、公園という主要な四つの分野が含まれており、主として物理的な側面における整備について規定しているが、どの条例も事業主に整備を義務付けるほどの力を与えられてはいない（注4）。

また理念面においても、多くは全国に先駆けて制定された「兵庫県福祉のまちづくり条例」のように、「こころ豊かな兵庫の実現に向け、高齢者や障害者を含むすべての県民が生き生きと生活できる福祉のまちづくり」といった抽象的な記述が主流である（注5）。こんな中で、兵庫県に続いた「大阪府福祉のまちづくり条例」では、「私たち一人一人が自立し、生きがいをもって生活し、それぞれの立場で社会に貢献することができる真に豊かな福祉社会」と定義付け、「一人ひとりが一個の人間として尊重されることを基本に、…社会に参加できる機会が、すべての人に均等にもたらされなければならない」と機会の均等をうたっている。そして「私たち一人ひとりが基本的人権を尊重し、お互いを大切する心をはぐくみ、福祉のまちづくりを進めるために、たゆまぬ努力を傾けることを決意し」と述べて福祉のまちづくりと基本的人権の関係を強調している。これは重要な記述であるが、全国の福祉のまちづくり条例から見れば例外的なものである。これは、牧口一二や尾上浩二などのリーダーを輩出する、大阪の当事者運動の力量によるところが大きいと言えよう。

これから見ると、時代の流れを見るに敏な首長や政治家が競って作りはしたが、障害のある人の社会参加を左右するインフラ整備に対して、多くの条例が、権利だという強い意志を示したわけではないと言えるであろう。

付5-3　ハートビル法

ハートビル法は、「高齢者、身体障害者等が円滑に利用できる特定建築物の建築の促進に関する法律」の略称であり、ハートビルとはheartful と building を合わせた造語だと思われる。ハートとビルディングという一見つながり

（注4）　現在は、一部の「福祉のまちづくり条例」にバリアフリー法で定められた委任条例を取り込んでいるものがあり、その部分が義務化されているものがある。

（注5）「兵庫県福祉のまちづくり条例」の制定当時の議事録を見ると全員賛成で成立しているが、「人権」や「義務」といった理念面についての議論は見いだせなかった。

にくい二つの言葉を一つにしたこの法律について、国は図1のパンフレットに「ハートのあるビルをつくろう」とのキャッチコピーを掲げてPRした。パンフレットには色とりどりのハートが飛び交う中に笑顔のビルが建っている。ハートビル法は建築物のアクセシビリティについて定めているが、国がどういう姿勢でアクセシビリティを考えていたか／いるかがよくわかる絵柄である（注6）。

図1　ハートビル法パンフレット

ハートビル法は、第1条の「目的」で「…高齢者…身体障害者その他日常生活又は社会生活に身体の機能上の制限を受ける者が円滑に利用できる建築物の…質の向上を図り、もって公共の福祉の増進に資することを目的とする」と述べているように、公共の福祉の実現を標榜している。

わが国の建築物は建築基準法によってコントロールされている。建築主は建築基準法の定めるところによって建築確認申請を行い、計画している建築物が法に合致していることが確認されて初めて、建築が可能になる。1950年に作られた建築基準法はその後に何回も改正されたが、アクセシビリティのことは書かれていない。アクセシビリティはある意味で新参者で、1994年のハートビル法で初めて法制化された。しかし建築基準法とのつながりは弱く、ハートビル法に述べている事項は建築確認の要件ではなかった。加えて、ハートビル法そのものが努力義務を求めているにすぎなかったために、同法が社会に与えた影響は小さいものだった。努力義務とは、「整備するように努めなければならない」と述べて、建築主に整備への努力を義務付けているもので、逆にいえば、「努力してもできませんでした」という言い訳が許される法律だったのである。

すべての国民が参加できるような社会づくりを行うのが国の責務だと思うが、ハートビル法が対象とする高齢の人や障害のある人に対する分野においては、

（注6）　中野泰志は「バリアフリーと『心』という言葉を最初に結びつけたのは、…（通称：ハートビル法）だと考えられる」としている。（第12章（文5））

それに理解を示す建築主の建物ではアクセシビリティが整備され、理解を示さない建築主の建物では整備されないという、環境整備が建築主個人の考え方に左右される規定だったのである。これは言うまでもなく、障害のある人の社会参加が「権利」であるという考え方とは全く異なるものである。

付 5-4　交通バリアフリー法

2000 年の交通バリアフリー法（高齢者、身体障害者等の公共交通機関を利用した移動の円滑化の促進に関する法律）は、公共交通におけるアクセシビリティを定めた法律であり、旅客施設を新築したり大規模改良（注 7）したり、車両を新規に導入したりする際のアクセシビリティ整備を義務化（既存の旅客施設や車両については努力義務）した。1994 年のハートビル法が努力義務止まりであったことからすれば、大きな進歩だと言えよう。さらに「基本方針」によって旅客施設や車両等のアクセシビリティ整備に数値目標を掲げ、施行後 10 年になる 2010 年までにやれるものはすべてやる、との強い意思も示した。

この 2000 年の段階では、公共交通機関では一部の駅でエレベーターが設置され始めているといった程度であったが、交通バリアフリー法によってエレベーター、視覚障害者誘導用ブロック、車いす対応トイレの整備が急速に進むこととなった。

この交通バリアフリー法では、個別の公共交通施設や車両の改善のみならず、「駅およびその周辺」と言われる、駅を中心とした徒歩圏（重点整備地区）を一体的に整備するために基本構想を作り、実施する枠組みが作られた（注 8）。それまでは建物や駅など「点」の整備であったが、重点整備地区という面として広げていこうというねらいであった。

基本構想には「市町村は…関係する公共交通事業者等、道路管理者及び都道府県公安委員会…と協議しなければならない」（第 6 条第 4 項）と定めてあり、協議対象に高齢の人や障害のある人は含まれていなかった。そのため か、基本

（注 7）　大規模改良とは、既存駅の橋上化や地下化などの大規模な改良を指す。

（注 8）　交通バリアフリー法第 6 条には「市町村は、基本方針に基づき、…当該市町村の区域内の重点整備地区について、移動円滑化に係る…基本的な構想（以下「基本構想」という。）を作成することができる。」と定められており、基本構想を作成するかどうかは市町村の任意である。

構想に従っていても、相変わらず障害のある当事者の使いづらいものが作られていくという問題は解決されなかった。当事者の間から、私たちの声を聞いてほしいという声が上がるようになったのは、自然の流れであった。

付 5-5　ハートビル法改正

1994 年のハートビル法は努力義務であったことから社会的インパクトは小さいものだった。2000 年に交通バリアフリー法が義務化を導入して、公共交通機関のアクセシビリティが着実に改善され始めたのに続くように、国交省は 2002 年にハートビル法の改正を行った。

改正ハートビル法には特別特定建築物と特定建築物という二つの分類が設けられた。改正前のハートビル法では、特定建築物は「不特定かつ多数の者が利用する建築物」という定義であり、「共同住宅」「学校」「事務所」「工場」は含まれていなかった。国は、これらの用途の建築物ではどれもその構成員が確認・特定されているから「特定多数」であり、法に言う「不特定多数」にはあたらないと説明していた。災害のたびに不特定多数の人が学校に集まり、しばしの避難生活を送り、そのたびに学校のアクセシビリティの不備が指摘されているが、国は上記のような不思議な理由付けでその整備の義務化を拒み続けてきた。学校は努力義務の対象ですらなく、障害のある児童生徒が普通学校で学ぶことはずっと困難なままだったのである。

2002 年のハートビル法改正にあたり、特定建築物の定義から「不特定」が無くなり「多数の者が利用する建築物」となった。これによって「共同住宅」「学校」「事務所」「工場」が特定建築物に含まれることになったが、この特定建築物については、相変わらず建築主に努力義務を求めているにすぎなかった。

2002 年の改正で、特定建築物の中で「不特定かつ多数の者が利用し、又は主として高齢者、身体障害者等が利用する特定建築物」に、新たに「特別特定建築物」という分類が設けられ、2,000 ㎡以上の場合は整備が義務化されたうえに建築確認の対象となった。建築確認をもらえないと建築物は建てられな

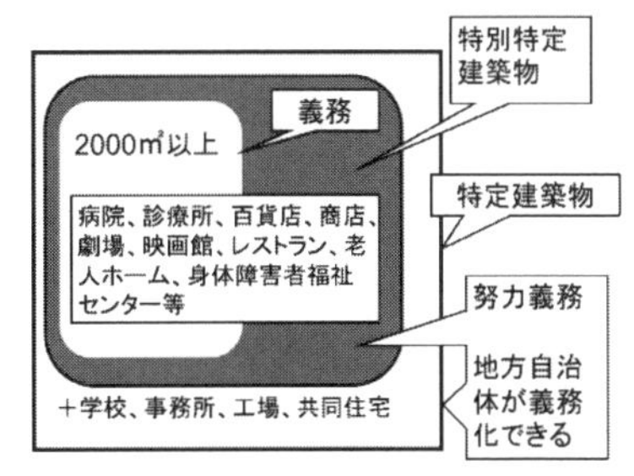

図 2　特定建築物と特別特定建築物の関係

いから、これはきちんとした強制力を持たせた仕組みである。ここで初めて建築物に対するアクセシビリティ整備が義務化され、建築基準法と連動した扱いとなったのである。しかしここでは「不特定」という条件が加えられているから、どんなに大規模であろうとも学校、事務所、共同住宅、工場等は義務化から外されており、努力義務のままであった（図2）。また日常生活に密着した2,000㎡未満の小規模店舗（とはいえ2,000㎡はかなり大きな建物であるが）も努力義務となっているので、まちにある理美容店、医院、飲食店の多くには整備義務が課されていない。

付5-6　バリアフリー法への合体

それまで建築物はハートビル法、公共交通は交通バリアフリー法と、異なる法律でカバーしてきたが、例えば歩道と敷地の関係など、法の枠を超えた施策の総合的な推進が必要になってきたため、この両法は2006年に統合され、「高齢者、障害者等の移動等の円滑化の促進に関する法律」（以下、バリアフリー法）となった。これにより、ハートビル法と交通バリアフリー法は廃止された。統合にあたり、法の適用対象は「旅客施設および車両等」「道路」「路外駐車場」「都市公園」「建築物」とされ、それぞれの規定も強化された。

バリアフリー法における建築物や公共交通における規定の骨格は、それまでのハートビル法や交通バリアフリー法が継承された。

付5-7　バリアフリー法の建築物への規定

■付5-7-1　義務化の対象建築物　住めない、学べない、働けない

表1に特定建築物と特別特定建築物の比較を示した。表の左右を見比べると国交省の考え方が浮かび上がってくる（注9）。

表の左側の特定建築物は努力義務であるから、実質的に整備が義務付けられているのは表の右側の特別特定建築物で2,000㎡（公衆便所は50㎡）以上の規模のものである。特定建築物から特別特定建築物へと義務対象の建築物を絞り込む際に、以下のような限定が行われている。

「1. 学校」については「特別支援学校」に限定。2020年の改正で公立小中学校も特別特定建築物に含まれるようになったが、私立の小中学校や、高校・大学といった高等教育機関は努力義務のまま。「8. 事務所」は「不特定かつ多

表1　特定建築物と特別特定建築物

特定建築物（努力義務）	特別特定建築物（2000㎡以上義務）
1　学校	1　特別支援学校、公立小中学校
2　病院又は診療所	2　病院又は診療所
3　劇場、観覧場、映画館又は演芸場	3　劇場、観覧場、映画館又は演芸場
4　集会場又は公会堂	4　集会場又は公会堂
5　展示場	5　展示場
6　卸売市場又は百貨店、マーケットその他の物品販売業を営む店舗	6　百貨店、マーケットその他の物品販売業を営む店舗
7　ホテル又は旅館	7　ホテル又は旅館
8　事務所	8　保健所、税務署その他不特定かつ多数の者が利用する官公署
9　共同住宅、寄宿舎又は下宿	
10　老人ホーム、保育所、福祉ホームその他これらに類するもの	9　老人ホーム、福祉ホームその他これらに類するもの（主として高齢者、障害者等が利用するものに限る。）
11　老人福祉センター、児童厚生施設、身体障害者福祉センターその他これらに類するもの	10　老人福祉センター、児童厚生施設、身体障害者福祉センターその他これらに類するもの
12　体育館、水泳場、ボーリング場その他これらに類する運動施設又は遊技場	11　体育館(一般公共の用に供されるものに限る。)、水泳場(一般公共の用に供されるものに限る。)若しくはボーリング場又は遊技場
13　博物館、美術館又は図書館	12　博物館、美術館又は図書館
14　公衆浴場	13　公衆浴場
15　飲食店又はキャバレー、料理店、ナイトクラブ、ダンスホールその他これらに類するもの	14　飲食店
16　理髪店、クリーニング取次店、質屋、貸衣装屋、銀行その他これらに類するサービス業を営む店舗	15　理髪店、クリーニング取次店、質屋、貸衣装屋、銀行その他これらに類するサービス業を営む店舗
17　自動車教習所又は学習塾、華道教室、囲碁教室その他これらに類するもの	
18　工場	
19　車両の停車場又は船舶若しくは航空機の発着場を構成する建築物で旅客の乗降又は待合いの用に供するもの	16　車両の停車場又は船舶若しくは航空機の発着場を構成する建築物で旅客の乗降又は待合いの用に供するもの
20　自動車の停留又は駐車のための施設	17　自動車の停留又は駐車のための施設（一般公共の用に供されるものに限る。）
21　公衆便所	18　公衆便所
22　公共用歩廊	19　公共用歩廊

（注9）表1には2020年5月の改正も反映しているが、本書を執筆している時点ではまだ資料不足で、表1とは若干異なる部分が生じる可能性があることをお含みおきいただきたい。

数の者が利用する官公署」に限定。「9. 共同住宅、寄宿舎又は下宿」は対象外。「10. 老人ホーム、保育所、…」は「保育所」を対象外としたうえで、「主として高齢者、障害者等が利用するもの」に限定。「12. 体育館、水泳場…」は「一般公共の用に供されるもの」に限定したうえ、「その他これらに類する運動施設」という部分を削除。「15. 飲食店又はキャバレー、料理店…」は「飲食店」以外はすべて対象から除外。「17. 自動車教習所又は学習塾、華道教室…」はすべて対象外。「18. 工場」も対象外。「20. 自動車の停留又は駐車のための施設」は「一般公共の用に供されるもの」に限定。

人が社会生活を送るうえで、「住む」「学ぶ」「働く」は必須の基本要素であろう。しかしながら、「住む」については、もともとバリアフリー法は戸建ての住宅を対象外としているうえに、共同住宅、寄宿舎又は下宿も義務化の対象外としているのだから、高齢の人や障害のある人の住まいについてバリアフリー法は大して関心がないと言える。また老人ホーム、福祉ホーム等については、「主として高齢者、障害者等が利用するものに限る」とわざわざ限定しているが、これは隔離を容認どころか推進している規定だと思える。

次に「学ぶ」については特別支援学校と公立小中学校という限定された場しかアクセシビリティが義務付けられておらず、他のいわゆる普通校に行こうとすれば、トイレやエレベーターといった物的バリアが邪魔をして、障害があるが故に学ぶ先の選択肢が狭められている。加えて、障害があると高等教育を受けることも困難となるような規定である。保育所を義務化から外していることからわかるように、この隔離は就学前から始まっているという徹底ぶりで、教育の場を隔離の場としてしまう規定になっている。

また「働く」については、工場は義務化の対象外だし、事務所は官公署に限定しているから、障害のある人が安心して働ける環境を求めるなら公務員になるしかない、ということになる。職業選択の自由など望むべくもない。さらに、受験戦争に立ち向かうために塾に行くとか、よりよい仕事を得るために運転免許を取るとか、教養のために市民講座に行くといった意欲を持っても、ハードのために諦めざるを得なくなることについて、バリアフリー法は力を貸してくれない。努力義務だけだったハートビル法が社会的に大した影響を持つことがなかったという教訓は生かされていないと言わざるを得ない。

ちなみに世界最初のアクセシビリティの基準であるANSI・A117.1を作った

のは、アメリカの「身体上の障害のある人たちの就労に関する大統領委員会」で、この委員会の名称のとおり、就労ということが大きな目標としてあった。社会に出ていけないで無為に過ごす人たちをアクセシビリティが整備された環境で働けるようにしよう、すなわち福祉制度による保護を受けることで税金の消費者となる人たちに、働いて給与をもらうことで納税者になってもらおうということである。わが国のバリアフリー法において働く場のアクセシビリティに関心が向いていないのは、障害のある人をいつまでも「保護されるべき存在」とみなし、働く存在としてみなしていないということの証左ではないだろうか。

もちろん多くの用途の建物が特別特定建築物に含まれているから、アクセシビリティが整備された建物も多くなってくるであろう。しかしながらどんなに他の施設に出入りできたとしても、「住む」「学ぶ」「働く」という生活の根幹こそ、整備の優先度を高く置くべきものであるべきだと思う。

バリアフリー法は障害のある人がこの社会で暮らしていくということをどう考えているのであろうか。私から見えるのは社会からの隔離、分断であり特別扱いである。つまりこの法が差別を生んでいるということである。

（文 2）では、「意識上の障壁」について「障害者を庇護されるべき存在としてとらえる等」と述べている。また（文 3）では「意識上のバリア」について「周囲からの心ない言葉、偏見や差別、無関心など、障害のある人を受け入れないバリアのこと」と定義付け、「意識上のバリアをなくすために大切なのが、一人ひとりの『心のバリアフリー』です」と述べている。果たしてバリアフリー法における建築物に関する規定は、そうなっていると言えるであろうか。

■付 5-7-2　都市及び農村の双方において

以上のように、バリアフリー法では権利条約が言う「他の者との平等」は実現すべくもない。また義務化される建築物の面積を 2,000 ㎡以上としているが、

（文 2）　障害者対策推進本部「障害者対策に関する新長期計画　～全員参加の社会づくりをめざして～」1993 年 3 月

（文 3）「知っていますか？街の中のバリアフリーと『心のバリアフリー』」政府広報オンライン、2018 年 12 月 10 日
https://www.gov-online.go.jp/useful/article/201812/1.html#section4

これは大都市では珍しくはないかもしれないが、地方の小さな町ではなかなか見当たらない規模であり、権利条約の「都市及び農村の双方において」の精神に逆行した規定である。

第7章の注1によれば、2,000㎡未満の小規模店舗等でバリアフリー法の基準に適合していたのは19%だったという。もともと努力義務であるから、建築確認の手続きを通る物件の2割弱しかアクセシブルになっていないのである。しかも本章「付5-10-4　小規模店舗を『使える』ように」で述べているように、2,000㎡未満の小規模店舗等のうち300㎡未満が79%と圧倒的に多く、面積が小さくなるほどバリアフリー法の基準に適合する率が低くなっている。

バリアフリー法は地方公共団体が特定建築物を特別特定建築物にすること（つまり（表1）の左の欄と同じ内容を右の欄にも入れること）とか、義務化の面積規定をより小規模にすることを認めているので、いくつかの自治体では適用範囲を拡大する条例が作られている。たとえば東京都の「建築物バリアフリー条例」（注10）では、バリアフリー法では特定建築物として努力義務とされている学校も特別特定建築物とし、しかも面積制限を取り払っているので、すべての学校がアクセシブルになる規定となっている。つまりこの問題に対する自治体の意識の差によって、障害のある人の社会参加の程度が左右されてしまうのである。

■付5-7-3　権利条約第9条の慧眼

権利条約第9条では締約国が取るべき措置を特に行わなければならない対象として「建物、道路、輸送機関その他の屋内及び屋外の施設（学校、住居、医療施設及び職場を含む。）」と述べている。ここで具体的に列挙してある「学校、住居、医療施設及び職場」は障害のある人の社会参加にとって特に欠かせないものであるからわざわざ明記してあるのだと私は理解している。ではこれらはバリアフリー法ではどう扱われているのであろうか。

既に述べたとおり、バリアフリー法では特別特定建築物で2,000㎡以上の場

（注10）　東京都ではバリアフリー法の規定を根拠とする委任条例である「東京都建築物バリアフリー条例」と、自治法を根拠とした自主条例である「東京都福祉のまちづくり条例」を制定している。

合に整備義務を課している。その対象として、学校は特別支援学校と公立小中学校に限定している。住居については戸建て住宅はもともとバリアフリー法の対象外であるし、共同住宅、寄宿舎又は下宿は特別特定建築物に含まれてもいない。さらに職場は保健所、税務署その他の官公署が特別特定建築物に入ってはいるものの、工場や民間の事務所は対象外になっている。これでは権利条約に言う「他の者との平等」はおろか、どのような暮らしを営むのかについての選択肢さえ提供されていないと言わざるを得ない。

まさにこの足らざる部分について、権利条約第9条はピンポイントで指摘しており、わが国はそれに見事に引っかかっているのである。権利条約がこの指摘を行っている背景には、どこの国でもこの部分が抜け落ちがちだという事実があるのか、この部分が障害のある人の生活を構築するうえでの基本として極めて重要だからという認識があるのかは不明であるが、わが国はわざわざ用途を明記してあることをよく受け止める必要がある。

権利条約は2014年に批准された。バリアフリー法は2018年に改正された。権利条約を尊重する意思があれば、時間的には修正が可能であったはずである。

■付5-7-4　何が整備されるのか

こうして対象となる建築物の用途と面積が定められているわけだが、では何を整備すればバリアフリー法においてバリアフリーと認められるのだろうか。

これについてはバリアフリー法第14条に「建築主等は、特別特定建築物の政令で定める規模（2,000㎡、公衆便所は50㎡：川内記）以上の建築…をしようとするときは、…建築物特定施設の構造及び配置に関する政令で定める基準…に適合させなければならない。」との規定がある。ここで出てきた「建築物特定施設」を表2に示す。

表2　建築物特定施設

一	出入口
二	廊下等
三	階段
四	傾斜路
五	エレベーターその他の昇降機
六	便所
七	ホテル又は旅館の客室
八	敷地内の通路
九	駐車場
十	その他国土交通省令で定める施設（※）

（※）浴室又はシャワー室

図3はバリアフリー法の建築物に関する設計ガイドラインである「高齢者、

障害者等の円滑な移動等に配慮した建築設計標準」（以下、建築設計標準）に掲載されている図（文 4）をもとに、私が描き直したものである。これからわかるように、バリアフリー法におけるバリアフリーとは、対象建築物において外部の駐車場や道路等から建物玄関を通って目的の居室に至る敷地内通路や廊下等、その途中にある便所、階段やエレベーターのような上下移動手段、建物や居室への出入口といった、表 2 で求められる建築物特定施設と、経路や標識、案内設備を基準に適合させることである。

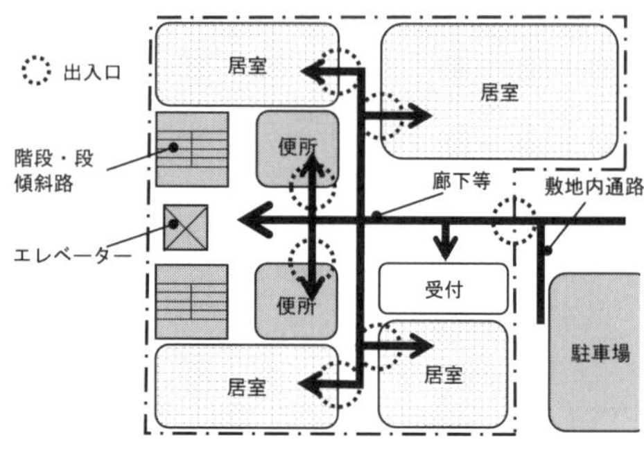

図 3　バリアフリー法がカバーする範囲

■付 5-7-5　利用居室の欠落

表 2 と図 3 を見ていて、不思議なことに気づく。バリアフリー法が求めている整備個所の中に、肝心の目的の部屋（利用居室）（注 11）の内部がないのである。図 3 が特別支援学校ならば教室は利用居室にあたる。レストランの食事をする部屋は利用居室である。利用居室の出入口は建築物特定施設であるから、バリアフリー法の対象建築物であるならばアクセシブルにしなければならない。しかしいったん利用居室の中に入ってしまえば、そこがどんなにバリアだらけでも、バリアフリー法は関知しないのである。

建物に入るのは目的があるからであり、その目的は、通路の先の部屋（利用居室）の中で達せられる。なぜ目的の部屋の中のアクセシビリティに言及がないのだろうか。私はそこに、「きちんと使える」という、ごく普通の基本的なニーズへの認識の欠落を見るのである。

（文 4）　国土交通省「高齢者、障害者等の円滑な移動等に配慮した建築設計標準」2017 年 3 月

（注 11）　居室とは「居住、執務、作業、集会、娯楽その他これらに類する目的のために継続的に使用する室をいう。」（建築基準法第 2 条 4 号）。利用居室とは「不特定かつ多数の者が利用し、又は主として高齢者、障害者等が利用する居室」（バリアフリー法施行令第 18 条 1 項）。

■付 5-7-6　IPC ガイドで露呈した問題とレガシー

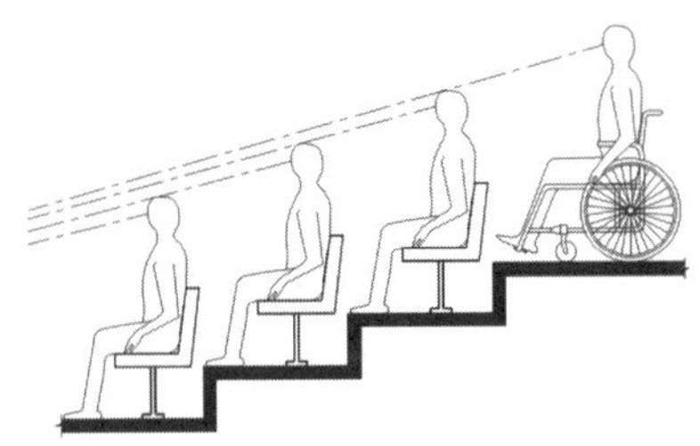

図 4　サイトライン

写真 1　サイトライン確保の工夫

2020 年に東京でオリンピック・パラリンピックが開かれるとなったときに、施設は IPC ガイドに従うこととなった。IPC ガイドによれば、観客席には車いす席、コンパニオンシート（同伴者席）、付加アメニティ席（注 12）を一定数設けることが求められており、さらに前方の人が立ち上がった場合でも、車いす席から競技が見えるような視線（サイトライン：可視線）（図 4）（注 13）の確保が規定されており、施設設計に大きな影響を与えた。わが国の規定になかったからである。

写真 1 はアメリカの体育館で撮ったものだが、ここはサイトラインが確保されていなかったために、写真中央に位置する車いす席の前の席をシートで覆って使えなく（売れなく）している。彼らが平等の実現のためにサイトラインをどれほど重要視しているかの証左である。

わが国にも車いす席のある競技場は多くあったが、IPC の求めている席数には遠く及ばず、コンパニオンシートは極めて限られた競技場にしかなく、付加アメニティ席やサイトラインについては、ほぼ無知であった。正確に言えば、

（注 12）付加アメニティ席とは、車いすは使っていないが歩行に杖を使ったり、ひざが曲がらなかったりして、一般席には行きづらかったり、狭すぎたりする人のための席である。

（注 13）アメリカの「2010 ADA Standards for Accessible Design」にあるサイトラインの図（Figure 802.2.1.1）から引用した。

これらの情報は日本にも紹介されてはいたが、バリアフリー法には含まれていなかった。なぜなら、先述のように、バリアフリー法では、外部から観客席エリアに入る出入り口までは規定されていたが、観客席エリアの中については法の対象外であったからである。

この問題に対して国交省は2015年7月に、建築設計標準に加える形で「劇場、競技場等の客席・観覧席を有する施設に関する追補版」を作成した（注14)。しかしバリアフリー法自体には反映されていないため、この追補版のようにやるかどうかは建築主の考え方次第である。

2020オリ・パラの成果を後世にどう残すかについて「レガシー」という言葉がよく使われる。レガシーは物理的なハードのこともあろうし、人々の考え方のような面もあろう。しかし私は、「やるかどうかは建築主の考え方次第」という不確かなものをレガシーと呼ぶことはできないと考える。

付5-8　バリアフリー法の公共交通への規定

■付5-8-1　基本方針

バリアフリー法の公共交通に関する規定は2000年の交通バリアフリー法の枠組みを継承した。そして2010年までの10年間の整備目標を掲げた「基本方針」はその後更新され、2020年までのさらなる数値目標を掲げている（文5)。表3の上段が2010年までの目標、下段が2020年までの目標である。

この基本方針によれば、2020年までに1日の平均利用客が3,000人以上の鉄軌道駅（鉄道駅と軌道（路面電車）停留場）をすべてアクセシブルにするということになる。具体的に言えば、①エレベーターやスロープ等による上下移動の確保、②ホームドアや可動式ホーム柵や点状ブロック等によるホームからの転落防止設備、③視覚障害者誘導用ブロックの整備、④便所がある場合には障害者対応型便所の設置等である。注意しなければならないのはホームからの転落防止設備で、ホームドアや可動式ホーム柵はほぼ完全に転落を防止できるが、点状ブロックは整備されていても転落事故が起こっており、防止効果が

（注14）　建築設計標準はその後に改正され、現在の版では、この追補部分は建築設計標準本体の中に取り込まれている。

（文5）「移動等円滑化の促進に関する基本方針」国家公安委員会、総務省、国土交通省、2011年3月31日

表 3　基本方針（一部）

	鉄軌道駅	鉄軌道車両
2000年 交通バリアフリー法 ↓ 2006年 バリアフリー法 ↓ 2010年	2010年までに １日平均利用者数5,000人以上の鉄軌道駅を、原則として、全てバリアフリー化（約2,800駅） ＜実績＞ 鉄軌道駅のバリアフリー化率 2000年度：29％ ⇒2010年度末見込み：約90％	2010年までに 約50％の車両をバリアフリー化（約26,000両） ＜実績＞ 鉄軌道車両のバリアフリー化率 平成12年度：10％⇒2010年度末見込み：約50％
↓ 2020年	2020年までに 3,000人以上の駅を原則として全てバリアフリー化 5,000人以上 約2,800駅 3,000人～5,000人 約650駅 ホームドア・可動式ホーム柵について、可能な限り整備	2020年までに 約70％の車両（約36,400両）をバリアフリー化

全く異なるにもかかわらず②では同格の扱いなのである。設置費用や設置工事期間からいえば点状ブロックが圧倒的で、既にほとんどの駅で設置済みであるが、転落防止効果という点で劣っていることが明らかなものに頼らざるを得ないのは残念である。国は点状ブロックの設置という簡易な方法を認める一方で、ホームドアや可動式ホーム柵については 1 日の利用客数が 10 万人以上（約 260 駅）の駅を優先して整備することとしている。2000 年から 2010 年までの整備実績は目標値にかなり迫っており、2020 年までの目標もほぼ実現する可能性が高い。国は、2020 年度以降は 5 年区切りの目標を立てることとして、現在検討中である。

■付 5-8-2　高速バス等の除外

基本方針として表 3 に示したものは主要な項目であって、基本方針にはほかにもさまざまなことが定めてある。総じて改善の方向なのだが、時が止まったようなものもある。バスである。

バス車両
総車両数約6万台からバス車両の構造及び設備に関する移動等円滑化基準の適用除外認定車両（以下「適用除外認定車両」という。）約1万台を除いた約5万台のうち、約70パーセントに当たる約35,000台について、平成32年度までに、ノンステップバスとする。適用除外認定車両については、平成32年度までに、その約25パーセントに当たる約2,500台をリフト付きバス又はスロープ付きバスとする等、高齢者、障害者等の利用の実態を踏まえて、可能な限りの移動等円滑化を実施する。

バスの約70%をノンステップバスにすると明確に述べており、この部分は着実に整備されつつあるのだが、問題は適用除外認定車両というのがある点である。適用除外認定車両については、約25%をリフト付きまたはスロープ付き等、可能な限り実施するとしている（傍点、川内)。「可能な限り」とトーンダウンしていることから、他のバスに比べて遠慮気味な目標となっていることがわかる。ここで出てくる「適用除外認定車両」とは何だろうか。

国交省は2007年1月に「移動円滑化基準適用除外自動車の認定要領」という文書を発している。その中の「基準適用除外の認定を申請することができる自動車」という項目の中に「高速バス、定期観光バス、空港等アクセスバスその他の床下に収納スペースを設ける必要があること等により低床化が困難であり、かつ、通常利用する乗降口を自動車の左側面の前部にしか設けることができない自動車」とある。バスのアクセシビリティは、通常はノンステップにするなど床を低くすることで実現してきた。しかし高速バス等で多用されているハイデッカー車は、床が高いので車いすを乗せるとしたらリフトを備えるしかない。それはコスト的に大きすぎるので除外するということであろう。

「可能な限り実施する」と言っているが、誰にとって「可能な限り」なのだろうか。ハイデッカー車を運行しているバス会社の多くは経営基盤が弱い。しかも競争は激しいから、自主的にリフトを付けると申し出る事業者は極めて少ないだろう。こうしてみると、「適用除外認定車両」の考え方は、利用者の権利というよりも事業者のほうを向いた規定だということになる。

空港に行くとき、あるいは長距離を移動するとき、バスを利用する人は多い。バスは値段の面で優位であるし、最近の夜行バスの席はプライバシーも高く、席もゆったりしていて、寝ている間に着く。こうしたバスの優位性を車いす使用者にだけ提供しないのは、差別だと言われても仕方がない。

また、地方空港の中には鉄道とつながっていないところも多く、空港へのリムジンバスに乗れないとなると、路線バスを乗り継いでいくしかなくなる。これがどんなに時間がかかって不便かは説明の必要もないだろう。

「適用除外認定車両」は、車いす使用者に、車いす使用だからという理由で他の者とは明らかに劣った扱いをしてもかまわないということを、国交省が認めているのである。

鉄道のない空港へのリムジンバスの一部については、2021 年からの新たな基本方針で認定除外の扱いを変更する検討がなされていると聞く。これについては歓迎するが、「他の者との平等」を考えるのであれば、適用除外という考え方から、整備を進めていく方策に方向転換する必要がある。

■付 5-8-3　基本構想と重点整備地区が進まない

交通バリアフリー法が 2006 年にバリアフリー法になった際に、重点整備地区の定義も変更された。従来の「駅およびその周辺」だけではなく、官公庁施設、福祉施設その他の施設を中心としたエリアでも基本構想を作ることができるようになった。高齢の人や障害のある人の生活の拠点は駅のような公共交通施設だけではない。駅から離れていても市役所とか、何かのセンターとか、周辺を歩いて移動しやすい環境があると助かる場所はいろいろある。また、駅そのものがない市町村もある。それらが含まれたことは好ましい変更である。

また、基本構想の検討の際に高齢の人や障害のある人の声を聞いてほしいという声に対しては、「市町村は、…高齢者、障害者等その他利害関係者の意見を反映させるために必要な措置を講ずるものとする」（第 25 条 6 項）としている。さらに「基本構想を作成しようとする市町村は、…協議会…を組織することができる」（第 26 条 1 項）と定め、その構成員として同条 2 項で「基本構想を作成しようとする市町村」、「…基本構想に定めようとする特定事業その他の事業を実施すると見込まれる者」に加えて「高齢者、障害者等、学識経験者その他の当該市町村が必要と認める者」と述べている。従来から協議会に市民の代表を加えていた自治体はあったが、2006 年に初めて法の裏打ちができたのである。

ただこの基本構想はなかなか広がっていない。国交省によれば、2020年3月31日までに受理したものは、304市町村からの469基本構想にとどまっている（文6）。全国の市町村数は2020年3月20日現在で1,724。これに東京都の特別区23を加えると1,747となり（文7）、全国の市町村の17%が基本構想を作成しているということになる。ただし、基本構想は市町村単位ではなく駅単位である。2006年からは駅以外の場所でも作成できるようになったが、現在でもほとんどが「駅およびその周辺」であるので、ここでは駅を母数で考えると、全国の駅数を約9,500とすると、基本構想が作成されているのは5%ほどである。

基本構想は2000年のバリアフリー法のときからある制度であり、もう20年経っている。もちろん全国の駅の中には基本構想が想定しているような町の構造ではない駅もたくさんあると思われるが、それにしても20年かけて5%というのでは政策の効果としてどうなのであろうか。

市町村の基本構想の重要なパートナーである鉄道事業者にとっては、やりにくい制度であろう。鉄道はいくつもの市町村を横断して走る。鉄道会社は彼ら自身の整備計画を持っており、それに従って長期的に整備している。それに対して沿線の市町村が、その市町村独自の考えで特定の駅の整備を打ち出すと、鉄道事業者としては彼らの整備計画との整合が問題になると思われる。

■付5-8-4 「都市及び農村の双方において」にならない

基本方針では2020年までに1日の利用客数が3,000人以上の3,450駅を整備するとしている。しかしこれらは大都市に集中していて、地方では1日3,000人以上の駅はめったにない。基本方針では「これ以外の鉄軌道駅についても、地域の実情に鑑み、利用者数のみならず、高齢者、障害者等の利用の実態等を踏まえて、移動等円滑化を可能な限り実施する」（文5）としているが、「地域の強い要望があり、地方公共団体の支援が得られる駅については、国としても…総合的に勘案のうえ、支援を行います」（文8）とあり、地方公共団体

（文6） 国土交通省「バリアフリー法に基づく基本構想の受理件数」
https://www.mlit.go.jp/sogoseisaku/barrierfree/content/001340566.pdf

（文7） 政府統計の総合窓口 e-Stat「市区町村数を調べる」
https://www.e-stat.go.jp/municipalities/number-of-municipalities

の支援が前提となっている。これは財政力の弱い地方の自治体にとっては極めてハードルが高く、ここでも建築物と同様に、権利条約に言う「都市及び農村の双方において」を困難にする仕組みである。

地方に行くと、バリアフリー法は都会のための法律だという声を聞くことがある。地方の人の取り残され感は、人数や面積といった外形的な規定への疑問だと言えるだろう。権利条約に言う「他の者との平等」という視点で、バリアフリー法を再考すべきだと思う。

付 5-9　バリアフリー法の 2018 年改正

バリアフリー法は 2006 年に施行されて以来、さまざまな問題を指摘されてきていたが、2018 年、12 年ぶりに改正された。これは 2020 行動計画で「バリアフリー法を含む関係施策について、29 年度中（平成：川内記）に検討を行う等により、そのスパイラルアップを図る」とされていたことに応えたものである。ただしこの改正では建築物に関連するものはほぼなく、もっぱら公共交通に関連した事項についての改正であった。

ここでは「共生社会」という理念規定と貸切バスの義務化について述べるが、2018 年改正ではこのほかに、駅で障害のある人に声をかけよう（第 7 章で詳述）といった規定も盛り込まれた。

■付 5-9-1 「共生社会」の変質

2018 年の改正で最も注目されるのは理念規定が第 1 条の 2 に追加されたことである。

（基本理念）第 1 条の 2「この法律に基づく措置は、…全ての国民が年齢、障害の有無その他の事情によって分け隔てられることなく共生する社会の実現に資することを旨として、行われなければならない」。

共生社会については障害者基本法第 1 条（2011 年改正版）に以下のように

（文 8）「鉄道駅のバリアフリー化の推進」国土交通省鉄道局　※この資料は、現在は WEB へのリンクが切れている。しかし、平成 25 年度第 1 回鈴鹿市地域公共交通会議の資料（https://www.city.suzuka.lg.jp/gyosei/open/shiryou/shingi/gijiroku/datas/296_005.pdf）や平成 26 年第 3 回江別市議会定例会会議録（https://www.city.ebetsu.hokkaido.jp/site/gijiroku1/23536.html）からその存在は確認できる。

書かれている。「この法律は、全ての国民が、障害の有無にかかわらず、等しく基本的人権を享有するかけがえのない個人として尊重されるものであるとの理念にのつとり、全ての国民が、障害の有無によつて分け隔てられることなく、相互に人格と個性を尊重し合いながら共生する社会を実現するため、…」。また2020行動計画（2017年）には「我々は、障害の有無にかかわらず、女性も男性も、高齢者も若者も、すべての人がお互いの人権や尊厳を大切にし支え合い、誰もが生き生きとした人生を享受することのできる共生社会を実現することを目指している」と書かれており、バリアフリー法の2018年改正ではそれらを取り込んだものと思われる。

しかしながら障害者基本法では「等しく基本的人権を享有するかけがえのない個人として尊重される」、「相互に人格と個性を尊重し合いながら共生する社会」と述べているし、2020行動計画でも「すべての人がお互いの人権や尊厳を大切にし支え合い、誰もが生き生きとした人生を享受することのできる共生社会」と述べているのに比べると、「基本的人権」「人格と個性を尊重」「人権や尊厳を大切にし」といった重要語句がそっくり削られていることがわかる。なぜバリアフリー法では障害者基本法や2020行動計画の表現をそのまま持ってきていないのだろうか。

この重要語句の欠落は初めてではない。バリアフリー法の公共交通部門においては、2000年に交通バリアフリー法ができたときから「基本方針」という具体的な整備目標が定められているが、2011年に作られ2020年までの目標を定めた基本方針にも「共生社会」という言葉が出てきている。「…ノーマライゼーションの理念の社会への浸透が進み、自立と共生の理念の下、障害の有無にかかわらず国民誰もが相互に人格と個性を尊重し支え合う『共生社会』の実現が求められている」（下線、川内）。

下線部は同年に改正された障害者基本法と同一の表現になっているが、障害者基本法にある「基本的人権」は入っていない。ただここではまだ「人格と個性を尊重」はあったのだが、2018年改正バリアフリー法ではそこもなくなっている。近年、わが国ではしきりと「共生社会」を強調しており、それをバリアフリー法にも取り込んだわけだが、バリアフリー法以外のところで積み上げられてきた「共生社会」に対する意味付けを、それらの積み上げのうえに規定するのではなく、わざわざ削り取った形になっている。これでは何のために理念規定を入れたのか、その意義が問われるものとなっている。

これには意図があったのだろうか、単なる無邪気な変更なのだろうか。

「安全な建物」という表現を考えると、もともとの建物は安全かどうかはわからないので「安全な」という形容をして、それを説明している。障害者基本法の「基本的人権」「相互に人格と個性を尊重し合いながら」や、2020行動計画の「人権や尊厳を大切にし支え合う共生社会」という表現から見ると、そもそもの「共生社会」にはそのような意味があるかどうかわからないので、あえて「基本的人権」「人格と個性を尊重し合い」や「人権や尊厳を大切に」を加えて、目指す性質を示していると考えられる。そうするとバリアフリー法の「共生社会」も、その言葉単独にはこのような意味は含まれていないと考えられる。ではなぜ、障害者基本法や2020行動計画には明記してあるこれらの重要語句を、あえて削ったのだろうか。それは、この部分に焦点を当てたくない気持ちがあったからではないのだろうか。これは国土交通省が、社会的コンセンサスが未成熟だという理由で、障害のある人が公共交通を使うことを権利だとは認めていないことと符合している、と私は思っている。その点では国交省的には整合しているとも言える。

■付5-9-2　貸切バスの義務化

バスのアクセシビリティ整備については、ハイデッカー車は「適用除外認定車両」として除外され、そのためにリムジンバス、観光バス、高速バスなどの整備が進んでいないと述べた。2018年改正では、法に従って基準に適合させる義務がある事業者の中に、「一般貸切旅客自動車運送事業者」が加えられた。

「一般貸切旅客自動車運送事業」とは乗車定員が11人以上の自動車を使用して旅客を運送する事業のことで、貸切バス事業といったほうが私たちにはなじみがある。これに整備義務が課せられた（注15）のは一歩前進であるが、相変らず高速バスや空港リムジンバスは除外されたままである。これらのほうがより優先度が高いはずだと私は考えているし、障害のある人からの声もこちらを先にしてほしいというものが多い。せっかくの改正でわずかに間口が広がった

(注15)　基本方針では貸し切りバス事業について「平成32年度までに、約2,100台のノンステップバス、リフト付きバス又はスロープ付きバスを導入する」としている。

感はするが、整備順位が少しずれているという印象である。

付 5-10　バリアフリー法の 2020 年改正

■付 5-10-1　整備義務対象の拡大

バリアフリー法は 2018 年に改正されたばかりだが、2020 年 5 月にも改正された。この改正で最も大きいと考えられるのは 2,000 ㎡以上で整備義務が生じる特別特定建築物に「公立小中学校」が追加されたことである。公立小中学校の整備が義務化されたことの意義と問題点については本書で既に述べているが、国会審議においても公立小中学校に限定したことへの指摘があり「インクルーシブ教育の推進及び災害時の避難所として利用する必要性から、設置主体の別、規模を問わず、高校、大学も含めた全ての学校施設のバリアフリー整備を推進すること」との附帯決議がなされた。

また「公立の小中学校が災害時の避難所になっているケースが多いことに鑑み、既設であっても、数値目標を示し、そのような施設のバリアフリー化を積極的に進めること。また、既設の公立小中学校のバリアフリー化に対する財政支援を充実すること」という附帯決議もなされており、実質的な整備の進展を求めている。ここまでの附帯決議がなされるのであれば本文に入れればいいと思うのだが、国会の数の力関係による妥協の結果であろう。

■付 5-10-2　ソフト面の強化と合理的配慮

2020 年改正では公共交通事業者等に対して接遇等（役務の提供）のソフト基準を設け、それへの適合義務を設けた。

しかしこれは注意の要する規定である。駅等の旅客施設は新設したり大規模改良したりする場合（新設旅客施設等）は法で求めるアクセシビリティ基準に適合させる義務がある。一方、既存で大規模改良を行わない場合は努力義務である。そしてこの役務の提供も新設旅客施設等については義務であるが、既存に対しては努力義務なのである。既存で改修されていないほうが役務の提供へのニーズは大きいと思うが、法としてはそうはなっていない。公共交通という極めて公共性の高い部門であるから、「使える」を確保するためには新設・既存を問わず義務でもおかしくはないと思うのだが…。

これとよく似たものに合理的配慮がある。合理的配慮の場合は新設・既存の

表 4　役務の提供と合理的配慮の比較

		新設旅客施設等	既存の旅客施設	過度の負担の概念
役務の提供	東京都等	義務	努力義務	あり（注16）
	東京都等以外	義務	努力義務	
合理的配慮	東京都等	義務	義務	あり
	東京都等以外	努力義務	努力義務	

別なく、またアクセシビリティ整備のレベルや時期に関係なく、そこを「使える」ようにするために障害のある人からのリクエストに応じて、過度の負担のない範囲で提供することになっており、行政機関等は義務、民間事業者は努力義務となっている。ただし東京都のように条例で民間事業者も義務としている自治体もある。それらを比較して表 4 にまとめた。

これからわかるように東京都のように民間事業者も合理的配慮の提供を義務化しているところの既存の旅客施設においては合理的配慮が義務として適用される。なお合理的配慮においても役務の提供においても、「過度の負担」がない限りという条件が付く（注 16）。

第 5 章の（文 1）で報じられているように、合理的配慮の提供について事業者が努力義務とされていることに対して、義務化が検討されているという。そうなると表 4 の「合理的配慮」の項における「東京都等以外」であっても「努力義務」が「義務」となり、バリアフリー法による役務の提供としては努力義務とされている既存の旅客施設においても、差別解消法による合理的配慮としては義務であるというねじれが生じることになる。役務の提供は導入されたばかりであるが、早くも現場で混乱が生じる可能性があり、障害のある人の側としては差別解消法の合理的配慮として求めていけばいいということになる。

■付 5-10-3 「心のバリアフリー」の推進

これについては本書で繰り返しているように、果たしてこの用語が適切なのか私には大いに疑問があるが、近年は国を挙げて「心のバリアフリー」に熱心である。

（注 16） 川内が国交省に問い合わせた回答（2020 年 10 月 23 日）によれば「ソフト基準の遵守義務違反かどうかは、最終的には合理的配慮が提供されたかという観点で判断されることになりますので、過度の負担という考え方も取り込まれることとなります」とある。

学校に対しては「移動等円滑化の促進に関する児童、生徒又は学生の理解を深めるために」（文 9）という目的で新学習指導要領（小学校で 2020 年度から、中学校で 2021 年度から全面実施）に基づき「心のバリアフリー」教育を実施するとしている（文 10）。また住民その他の関係者に対しては「移動等円滑化の促進に関する…理解の増進又は移動等円滑化の実施に関するこれらの者の協力の確保」（文 9）のために「教育啓発特定事業」を行うとしている。ここで言う「心のバリアフリー」が何を指すのかはわからないが、この改正の概要を説明した国交省の資料（文 10）には高齢者疑似体験や車椅子サポート体験が例示されており、実際的な体験重視のプログラムのように見える。しかし、もしもお手伝いをするのであれば「どう手伝いましょうか」と聞くことがスタートであり、それから先、どうお手伝いすればいいかは人によって千差万別であって、型にはまった体験会にならないことを願う。また「心のバリアフリー」が手助けすることだと誤解されてはならない。最も伝えるべきは、社会に参加していく意義、社会モデルの考え方、「権利」、「尊厳」、「平等」といった根本的なものではないだろうか。そのような基本をきちんと扱ってほしいものである。

■付 5-10-4　小規模店舗を「使える」ように

これまで繰り返し述べてきたように、バリアフリー法では特別特定建築物で 2,000 ㎡以上の建築物にしか整備義務がなく、小規模建築物のアクセシビリティをどう整備するかが課題である。国交省の調査（第 7 章の（文 1））によると、2018 年 11 月 1 日から 2019 年 1 月 31 日までの 3 カ月間に全国で確認済証を交付した 2,000 ㎡未満の小規模店舗等 2,992 件のうち、300 ㎡未満が 2,368 件（79%）、300 ～ 999 ㎡が 414 件（14%）、1,000 ～ 1,999 ㎡が 210 件（7%）となっており、300 ㎡未満が圧倒的に多い。そしてバリアフリー法の移動等円滑化経路に関する基準に適合していたのは 576 件（19%）に過ぎなかった。内訳で見ると、300 ㎡未満が 353 件／ 2,368 件（15%）、300 ～ 999 ㎡が 133 件／

（文 9）「移動等円滑化促進方針・バリアフリー基本構想作成に関するガイドライン」（令和 2 年 5 月法改正追補版）、国土交通省総合政策局安心生活政策課、2020 年 6 月
https://www.mlit.go.jp/sogoseisaku/barrierfree/content/001351713.pdf
（文 10）「高齢者、障害者等の移動等の円滑化の促進に関する法律の一部を改正する法律案」
https://www.mlit.go.jp/sogoseisaku/barrierfree/content/001348477.pdf

414件（32%）、1,000～1,999㎡が90件／210件（43%）と小規模になるほど整備率が低くなる。まちの中の小規模店舗等は生活に密着しており、それらのアクセシビリティを改善しなければ、社会が変っていっているという実感は伝わりにくい。

小規模店舗の整備については長年、障害のある人からの指摘が続いているが2020年の改正でも取り上げられておらず、附帯決議に盛り込まれたのみである。アクセシビリティ整備には通路幅とか車いす対応トイレとか、一定の寸法や面積が求められるものがある。しかし小規模であればあるほどそういったものに割ける余地が少なくなるし、敷地も狭く道路にぎりぎり面している店舗も多いので外部にスロープを設けることも困難なケースがある。

政府は検討ワーキンググループを立ち上げて検討しており、成果はガイドラインに盛り込まれるというが、法的な位置付けのないガイドラインに書き込まれることがどれだけの影響力を持つのか疑問である。

これまでバリアフリー法はハード整備に重心を置いてきた。しかし小規模の店舗では自分のところだけでハード整備を完結することは困難な場合が多い。第7章-9で述べた「合理的配慮計画」の作成は、私からの一つの提案であるが、検討ワーキンググループが合理的配慮や店舗の外にあるトイレ等の資源も含めた総合力で「使える」を実現するといった発想を持つことを期待する。

■付5-10-5　利用居室が整備されない

国際パラリンピック委員会によるIPCガイドがわが国に大きな衝撃を与え、その結果としてガイドラインである建築設計標準にサイトライン等の規定が入ったことは既に書いた。バリアフリー法は経路のアクセシビリティは求めているが、目的の部屋（利用居室）の中のアクセシビリティはカバーしていないことも既に述べた。

目的の部屋の中の整備は必須であるべきであり、法でカバーされていないことが明らかになっているにもかかわらず、2年前の2018年の改正にも今回の改正にも盛り込まれていない。国はなぜ利用居室の中のアクセシビリティを法定化しないのだろうか。問題だと思っていないとしたら、建築設計標準に追補版という暫定的措置までして取り上げたのはなぜだろうか。（この追補版にしても、劇場、競技場等の客席・観覧席といった2020オリ・パラを契機に不備が明らかになったものに限定しており、すべての利用居室をカバーしているわけではない)。

経路は行けるけど目的の部屋が使えるかどうかはカバーしないというのは、はなはだ奇妙である。私たちは普通、目的を達成するために建物を訪れる。経路を歩くことが目的ではないのである。

謝辞

わが国のアクセシビリティは主に21世紀に入ってから整備が本格化したが、多くの施設は既存であったにもかかわらず、比較的短期間で充実した内容となってきている。それは先進諸国に追い付け追い越せという関係者の熱意が実を結んだものであり、それを目撃できた時代に生きてきたことは、私にとってある意味で幸運だったと言えるかもしれない。そして私は、ユニバーサル・デザインの基本的な考え方の紹介（『ユニバーサル・デザイン－バリアフリーへの問いかけ』（学芸出版社、2001年）、『ユニバーサル・デザインの仕組みをつくる』（学芸出版社、2007年））など、力不足とはいえ、自分なりにできることで関わってきたという気持ちはある。

しかし、共生社会だ、ユニバーサル・デザインだと、いろいろな言葉が頻繁に聞かれるようになり、また実際にハード面でのアクセシビリティが充実していく変化を見続けながら、一方で私はかなりの違和感も抱き続けてきた。

日本の先を行く国々では、アクセシビリティ整備は、その不十分さのために社会に出られない人を無くして、平等に社会に参加する権利を実現するために行われている。そしてその延長上にユニバーサル・デザインもある。

一方、わが国では何のために整備するのかの認識が決定的に不足しており、ハード整備そのものが目的となってしまっている。

そういった理念面での弱さが、整備された環境でありながらも気持ちよく使えない、あるいは拒否されてしまうという現実に表れている。それはその整備した環境を最も切望している人たちの人権や尊厳をどう考えているのかという問題である。そこがきちんとしていなければ、いくら整備しても先進諸国には追い付けないし、利用者の満足度も高まらない。

そこで私は、今までの取り組みを振り返り、どこでボタンを掛け違えたかを明らかにすべきだと思うようになった。しかし日々の雑用に追われて、細々とした情報収集程度しかできず、この思いはずいぶん長い間、私の中で抱え続けるしかなかった。やっと落ち着いて執筆に取り掛かれるようになったのは、皮肉にも新型コロナ感染が拡大し、外出を求められる行事が次々と中止あるいはオンライン開催に変更されるようになってからであった。

本書では障害のある人の社会参加に対するわが国の姿勢として、「心」「やさしさ」「思いやり」という感情が先に立っていることを指摘した。そしてそのような姿勢がどこから生まれてきているのかを明らかにしようと試みた。その作業は、これが結論だと必ずしも明確には言い切れない歯切れの悪さが残ったものとなったが、これはひとえに私の力不足によるものである。

ここに至るまでには多くの方々のご協力があった。当時の資料がどこにあるかから手探りであったが、多くの方が快くインタビューや情報提供等に応じてくださった。深く御礼申し上げる。

ある行政の資料室では、セルフサービスのコピー機の操作がうまくできない私を見て係員が大量のコピーを代行してくださった。合理的配慮の提供は義務だとはいえ、こうした各方面のご協力のうえに本書はある。

そして最後に、本書の出版を引き受けてくださった現代書館の社長の菊地泰博さん、編集者の山木美恵子さんにもお礼を申し上げたい。現代書館は私の最初の単著となった『バリア・フル・ニッポン』(1996年)を出してくださったところであり、その原点に戻っての本書は、ひときわ感慨のあるものとなった。

本書には読者にとって同意できない点も多々あろうかと思う。ただ、ここで述べていることがこれまでのわが国の取り組みを振り返り、今後のとるべき方向を考えていくうえの一助となることを願っている。

索引

著者紹介

川内 美彦（かわうち・よしひこ）

アクセシビリティ研究所主宰。（一社）日本トイレ協会副会長。東洋大学人間科学総合研究所客員研究員。元東洋大学教授。一級建築士。博士（工学）。

1953年生まれ、広島県出身。頚髄損傷により19歳から車いす使用。1989～90年にアメリカで学ぶ機会を得た際に、自立生活運動のリーダーたちやユニバーサル・デザインの提唱者であるロン・メイスと親交を結び、薫陶を受ける。

だれにも使いやすく、安全な建物やまちづくりにおけるアクセシビリティやユニバーサル・デザインについて発言している。また障害のある人の社会への関わりについて、「人権」や「尊厳」の視点で分析し、平等な社会参加を権利として確立していく活動を展開している。

2000年「ロン・メイス21世紀デザイン賞」受賞。国および自治体における各種委員会の委員を歴任。

著書『ユニバーサル・デザインの仕組みをつくる』学芸出版社（2007/8）、『ユニバーサル・デザイン――バリアフリーへの問いかけ』学芸出版社（2001/4）、『バリア・フル・ニッポン－障害を持つアクセス専門家が見たまちづくり』現代書館（1996/11）ほか多数。

尊厳（そんげん）なきバリアフリー
「心（こころ）・やさしさ・思（おも）いやり」に異議（いぎ）あり！

2021年2月15日　第1版第1刷発行

著　者　川内 美彦
発行者　菊地 泰博
組　版　具羅夢
印　刷　平河工業社（本文）
　　　　東光印刷所（カバー）
製　本　鶴亀製本
装　幀　大森 裕二

発行所　株式会社　現代書館
〒102-0072　東京都千代田区飯田橋3-2-5
電話 03（3221）1321　FAX 03（3262）5906
振替 00120-3-83725　http://www.gendaishokan.co.jp/

校正協力・高梨恵一

 ISBN978-4-7684-3584-7

田中耕一郎 著
障害者運動と価値形成
――日英の比較から

戦後から現在までの日英の障害当事者運動の変遷をたどり、運動の課題・スタイル・思想、障害概念の再構成、障害のアイデンティティ・障害文化、統合と異化の問題等に焦点を当て、日英の障害者運動の共通性と共時性を明らかにした比較研究。
3200円＋税

久野研二 編著
社会の障害をみつけよう
――一人ひとりが主役の障害平等研修

障害とは、心身の機能や能力の欠損ではなく、〝違う〟とみなされる人に対する排除、差別、参加の制限＝社会的障壁のことである。社会の障害（障壁）を見抜き、障壁を取り除き、より平等でインクルーシブな社会をつくるための入門・実践ガイド。
1800円＋税

竹端 寛 著
「当たり前」をひっくり返す
――バザーリア・ニィリエ・フレイレが奏でた「革命」

精神病院をなくしたバザーリア（伊）、入所施設の論理を破壊しノーマライゼーション原理を唱えたニィリエ（瑞）、教育の抑圧性を告発したフレイレ（伯）。動乱の時代に社会に大きな影響を与えた3人を貫く「実践の楽観主義」の今日的意義。
2000円＋税

馬場 清・吉岡隆幸 著
車いすでめぐる日本の世界自然遺産
――バリアフリー旅行を解剖する

車いすツーリストと共に実際に旅した知床半島、屋久島、白神山地、小笠原、八重山諸島の具体的なバリアフリー旅行の情報、ノウハウをカラー写真入りで紹介（32頁）。自由にどこにでも旅ができる社会づくりの意義を考える。
1700円＋税

大熊一夫 編著
精神病院はいらない！（DVD付）
――イタリア・バザーリア改革を達成させた愛弟子3人の証言

世界に先駆けて精神病院をなくし、365日24時間開かれた地域精神保健を実現したイタリア。歴代精神保健局長の証言と映画『むかしMattoの町があった』（本書付録DVD）で、イタリアはいかにして閉じ込めの医療と決別したかを詳解。
2800円＋税

DPI日本会議 編
障害者が街を歩けば差別に当たる?!
――当事者がつくる差別解消ガイドライン

バニラ・エア事件が映し出したように、障害者が差別と感じることは障害のない人にとっては「わがまま」。何が差別で、「合理的配慮」はどこまで提供すべきか、実際に受けた差別事例を分析・整理し、当事者の視点からガイドラインを提示。
1600円＋税

川内美彦 著
バリア・フル・ニッポン
――障害を持つアクセス専門家が見たまちづくり

日米の車イス利用者が日本全国を講演旅行中に遭遇した制度・設備（ハード）・情報文化・意識のバリアの数々。駅・空港・交通機関・公共建物・道路等々、障害を持つが故に「2流市民」扱いの日本社会のあり方を根本的に解剖する。
2000円＋税

ベンクト・ニィリエ 著／河東田 博 他訳編

〔新訂版〕ノーマライゼーションの原理

——普遍化と社会変革を求めて

四十年前北欧で提唱され、今日共生社会の普遍的理念として支持され、社会のあり方を変えてきたノーマライゼーションの考え方を八つの原理に成文化し、定着・発展させてきた「ノーマライゼーションの父」の一九六〇年代から現在までの思想展開。ノーマライゼーションを語るときの原典。　１８００円＋税

河東田　博 著

ノーマライゼーション原理とは何か

——人権と共生の原理の探究

北欧で誕生し今日共生社会の基本理念となっているノーマライゼーション。そのルーツに関する定説を覆す新たな発見（デンマーク1959年法でバンク・ミケルセンが唱える以前にスウェーデン社会庁報告書でノーマライゼーション原理が検討されていたと）いう新たな発見と、その後の展開の研究。　１７００円＋税

児玉勇二 著

知的・発達障害児者の人権

——差別・虐待・人権侵害事件の裁判から

著者が関わった自閉症（発達障害）・知的障害のある障害児・者にかかわる虐待事件・教育・労働問題等の裁判事例から、知的障害者の供述の信用性、障害者の逸失利益等を検討し、障害者の奪われた人権の回復の道筋を追う。　２０００円＋税

杉田穏子 著

知的障害のある人のライフストーリーの語りからみた障害の自己認識

周囲の人々がもっている知的障害者に対する「価値が低い」という支配的価値観が、当事者の障害の自己認識にどう影響しているのか。そのメカニズムをライフヒストリーの語りの中から解き明かし、障害者がより生きやすい社会に向けて提言。　２５００円＋税

パンジーさわやかチーム・林 淑美・河東田 博 編著

知的しょうがい者がボスになる日

——当事者中心の組織・社会を創る

知的障害者授産施設パンジーで、当事者自身が施設運営する組織にしようと特別チームが取り組んできた二年間の軌跡。戸惑い、不安、仲間の離脱という挫折を乗り越え、見えてきた展望。そこに至る本人たちのエンパワメントと支援者の関わりの記録。　１８００円＋税

聴覚障害をもつ医療従事者の会 編

医療現場で働く聞こえない人々

——社会参加を阻む欠格条項

聴覚障害をもちながら、医師・看護師・薬剤師・医療検査技師等として医療現場で働く人々の体験談、アンケート調査などから、資格取得までの教育・研修のあり方や、職場での工夫や周囲との関わり方、情報保障などの課題を明らかにする。　１６００円＋税

堀 利和 著

はじめての障害者問題

——社会が変われば「障害」も変わる

障害者問題は存在しない、あるのは健常者中心の社会の問題だ。憲政史上初の全盲の国会議員である著者による、障害福祉を学ぶ学生への講義録。落語や歴史の中の障害者像、ゲスト講師の講義を交え、障害のない人たちの障害観の転換を迫る。　１３００円＋税

（定価は二〇二一年二月一日現在のものです。）

「障害者差別禁止法制定」作業チーム 編

当事者がつくる障害者差別禁止法

——保護から権利へ

世界の42カ国で障害者差別禁止・権利法が法制化されているが、日本の障害者基本法は保護・対策法であって権利法ではない。何が障害にもとづく差別で、障害者の権利とは何か。法案要綱、国連やEUの取り組み等、国際的動向の資料も掲載。

１７００円＋税

横田 弘 著／立岩真也 解説

【増補新装版】障害者殺しの思想

一九七〇年代の障害者運動を牽引し、健全者社会に対して「否定されるいのち」から鮮烈な批判を繰り広げた日本脳性マヒ者協会青い芝の会の行動綱領を起草、思想的支柱であった故・横田弘の原点的書の復刊。70年代の闘争と今に繋がる横田の思索。

２２００円＋税

荒井裕樹 著

差別されてる自覚はあるか

——横田弘と青い芝の会「行動綱領」

一九七〇～八〇年代の障害者運動を牽引し、「否定されるいのち」の立場から健全者社会に鮮烈な批判を繰り広げた日本脳性マヒ者協会青い芝の会の「行動綱領」を起草、理論的支柱であった故・横田弘の思想とその今日的な意義を探究する。

２２００円＋税

中西正司 著

自立生活運動史

——社会変革の戦略と戦術

日本の自立生活運動、障害者政策をけん引してきた著者による、八〇年～二〇一〇年代の障害者運動の総括。二〇世紀最後の人権闘争と言われた「障害者運動」が社会にもたらしたものを明らかにする。『当事者主権』（上野千鶴子氏と共著）の応用編。

１７００円＋税

杉本 章 著

【増補改訂版】障害者はどう生きてきたか

——戦前・戦後障害者運動史

従来の障害者福祉史の中では抜け落ちていた、障害をもつ当事者の生活実態や差別・排除に対する闘いに焦点をあて、戦前から現在までの障害者の歩みを綴る。障害者政策を無から築き上げたのは他ならぬ障害当事者であることを明らかにした。

３３００円＋税

全国自立生活センター協議会 編

自立生活運動と障害文化

——当事者からの福祉論

親許や施設でしか生きられない、保護と哀れみの対象としての障害者が、地域で自立生活を始め、社会の障害者観、福祉制度のあり方を変えてきた。'60～'90年代の障害者運動の軌跡を一五団体、29個人の歴史で綴る障害学の基本文献。

３５００円＋税

J・P・シャピロ 著／秋山愛子 訳

哀れみはいらない

——全米障害者運動の軌跡

障害者福祉を慈悲と保護から権利と差別禁止へと変えた、歴史的なアメリカ障害者法成立に至る障害者運動のエンパワメントを追う。障害の文化・歴史・アメリカ社会の障害観の変遷、障害をめぐる政治の動きなどを重層的に解き明かす。

３３００円＋税